高职高专经济管理类"十四五"理论与实践结合型系列教材

跨境电子商务专业

U0642163

跨文化沟通
与客户服务

主　编　蒲　宏　董　蓉　李美清　马　伟　刘　莉

副主编　杜秋红　谭禹羿　唐　培

华中科技大学出版社

http://press.hust.edu.cn

中国·武汉

图书在版编目（CIP）数据

跨文化沟通与客户服务 / 蒲宏等主编 . —武汉：华中科技大学出版社，2023.7
ISBN 978-7-5680-9786-4

Ⅰ . ①跨… Ⅱ . ①蒲… Ⅲ . ①电子商务—商业服务 Ⅳ . ① F713.36

中国国家版本馆 CIP 数据核字（2023）第 137947 号

跨文化沟通与客户服务   蒲宏　董蓉　李美清　马伟　刘莉　主编
Kuawenhua Goutong yu Kehu Fuwu

策划编辑：聂亚文
责任编辑：郭星星
封面设计：孢　子
责任监印：朱　玢
出版发行：华中科技大学出版社（中国·武汉）　　　电话：（027）81321913
　　　　　武汉市东湖新技术开发区华工科技园　　　邮编：430223
录　　排：武汉创易图文工作室
印　　刷：武汉科源印刷设计有限公司
开　　本：787 mm × 1092 mm　1/16
印　　张：12.5
字　　数：281 千字
版　　次：2023 年 7 月第 1 版第 1 次印刷
定　　价：48.00 元

前 言

随着国家近年来在政策上的大力支持，跨境电商成为后疫情时代推动外贸转型升级、打造新经济增长点的重要突破口。跨境电商行业在"十四五"时期开启了重要的战略发展机遇。随着"一带一路"政策的落地实施和RCEP的正式生效，通过跨境电商模式实现产品出海成为当下跨境贸易主流。跨境电商的交易主体决定了参与贸易的双方需要进行跨文化的沟通，如何通过正确的沟通方式和技巧促成交易是非常重要的环节。随着世界经济的全球化发展，保持对跨文化沟通中差异的敏感性对于当今和未来的管理人员都非常重要。

本书结合《国家职业教育改革实施方案》提出的要求，立足于高等职业教育的培养目标，以工作过程为导向，突出对学生职业能力的培养，参照跨境电商客户服务的工作流程，以模块和任务的方式展开，内容主要涉及主要贸易国消费市场分析，跨境电商客户服务及策略，跨境电商售前、售中、售后沟通与服务以及跨境电商平台案例分析。其中，在主要贸易国消费市场分析模块中主要分析了跨境电商消费市场的发展现状，跨文化沟通的特点及各贸易国沟通礼仪，突出了跨文化沟通的常识和技巧，这是跨境电商从业人员的基本素养；在跨境电商客户服务及策略模块中主要介绍了跨境电商客服的职业素养、沟通技巧、商务英语函电内容及写作、跨境电商客服常用策略，是突出职业素养及沟通技能的重要版块；在模块六的跨境电商平台案例分析中，编者梳理了8个典型的跨境电商沟通案例，讲授者可将其作为综合实训内容进行教学组织，提升学生团队的协作解决问题的职业能力。

本书融"学、教、做"为一体，每个模块均由情景引入，明确了学习目标，最后有思考与练习，部分模块引入了拓展的知识链接。本书由成都工业职业技术学院的蒲宏、董蓉、李美清、马伟、刘莉等老师负责编写。

本书在编写过程中参考了国内外专家学者的论文、专著与教材，得到了成都京东世纪贸易有限公司杜秋红、四川省百羿电子商务有限公司谭禹羿、四川快邦企业管理咨询有限公司唐培等的大力支持，在此表示感谢！由于编者的水平有限，书中难免存在不足之处，恳请有关专家和广大读者不吝批评与指正，以使本书日臻完善。

编者

2023 年 5 月

目 录

模块一
主要贸易国消费市场分析

理解并掌握主要贸易国消费市场习惯及特点。

💬 **情景描述**

小王是入职两个月的跨境客服，已经掌握了相关业务，系统操作也比较熟练了，但作为售前客服，满意度方面小王和老员工有一定的差距，小王感到十分疑惑，特别对于各客源国消费者，如何兼顾接待量和满意度成了小王亟待解决的问题。

📋 **情景分析**

你认为客服小王出现此问题的原因是什么？请给出提高小王业务技能的有效方案。

了解和理解主要贸易国消费市场和客户特点是业务技能中重要能力，是客服人员需要具备的基本技能，是通过培训学习和在工作中逐渐掌握和熟悉的必备技能，是检验客服人员是否专业的标准。

跨境电商
消费市场分析

任务一　跨境电商消费市场分析

一、中国跨境电商消费市场分析

如今数字化的发展不仅打开了跨境电商行业的全新局面，也在逐步渗入企业服务的各个方面。中国跨境电商市场仍处于高速发展期，蕴含巨大发展空间。2021 年中国跨境电商交易额占国内货物贸易进出口总值 36.32%，较 2020 年同比增长 13.6%。高效的政策与强劲的市场驱动力为跨境进出口企业、服务商的发展提供了巨大机遇。中国国际经济交流中心发布《数字平台助力中小企业参与全球供应链竞争》报告，预计2025 年中国跨境电商 B2B 市场规模将达到 13.9 万亿元。不难看出，趁着 2011 年"外贸巩固提升年"的暖风，跨境电商行业正不断释放利好。

（一）跨境电子商务优势分析

与传统出口贸易相比，跨境电商具备中间环节少、价格低廉和利润率高等优势。一般而言，传统外贸出口需要经由"国内工厂—国内出口商—国外进口商—国外批发商—国外零售商—国外消费者"等 6 个环节，这种模式下，外贸中最大份额的利润都被流通的中间环节赚走。在跨境电子商务模式下，出口环节可以简化为"国内工厂—国外零售商—国外消费者"，甚至可以进一步简化为"国内工厂—国外消费者"，直接绕开许多中间商环节。一方面，出口商品的价格可进一步下降，进而提高我国商品在国外市场的竞争力；另一方面，出口商可以获得大部分的利润。

（二）中国跨境电商行业发展现状及问题分析

据了解，一直以来订单流程烦琐、周期长，地域局限，利润低是传统型外贸交易存在的问题，严重制约了我国中小型企业的对外贸易的发展。而跨境电商新模式不仅打破了批发商、零售商、进口商的垄断地位，突破了传统型制约进出口贸易的发展模式，重塑了国际贸易结构，使零售商、批发商与企业直接接触，有效地减少了中间环节，节约了流动资本，大大提高了货物流通的效率。

（三）我国跨境电商发展现状

在全球电子商务快速发展和中国电商全球化的大趋势下，近年来，我国跨境电商行业发展迅猛，交易规模持续大幅增长。统计数据显示，2013 年中国跨境电商交易规模就已达 2.7 万亿元，之后更是呈现逐年快速增长态势。2015 年交易规模突破 5 万亿元。到 2017 年这一规模迅速增长至 7.6 万亿元，同比增长 20.63%。截至 2018 年底，中国跨境电商交易规模已达到 9.1 万亿元，同比增长 19.5%。2019 年全年中国跨境电商交易规模首次突破 10 万亿元大关。跨境电商加快拓宽中国贸易新通道。近年来，随着跨境电商贸易机制的逐步完善、国际物流网络的持续疏通，跨境电商渠道加快拓宽。中国跨境电商发展迅猛，已成为外贸转型升级的新动能、创新发展的新渠道和"一带一路"建设的新桥梁。党的十八大以来，国家扎实推进稳外贸，促进贸易创新发展，外贸发展取得历史性成就。2021 年，货物贸易总额达到 6.05 万亿美元，服务贸易突破8000 亿美元，较 2012 年分别增长 56% 和 70%。

1. 国家政策助力跨境电商发展

近年来，中国跨境电商行业受到各级政府的高度重视和国家产业政策的重点支持。国家陆续出台了多项政策，鼓励跨境电商行业发展与创新，《"十四五"现代流通体系建设规划》《"十四五"对外贸易高质量发展规划》《国企电子商务创新发展行动计划》等产业政策为跨境电商行业的发展提供了明确、广阔的市场前景，为企业提供了良好的生产经营环境。具体情况如表 1-1 所示。

表 1-1 2022 年中国跨境电商相关政策汇总（资料来源：中商产业研究院整理）

发布日期	政策名称	主要内容
2022.1	"十四五"现代流通体系建设规划	规划提出发展外贸新业态，促进跨境贸易多元化发展，鼓励跨境电商完善功能，引导企业优化海外仓布局，提高商品跨境流通效率
2021.11	"十四五"对外贸易高质量发展规划	明确"十四五"期间对外贸易发展指导思想、主要目标和工作重点，引导市场主体行为，积极扩大进口、优化出口，推动对外贸易高质量发展，服务构建新发展格局，开拓合作共赢新局面。支持加快发展贸易新业态，包括促进跨境电商持续健康发展、推进市场采购贸易方式发展、发挥外贸综合服务企业带动作用、加快海外仓发展、推动保税维修发展、支持离岸贸易发展等

续表

发布日期	政策名称	主要内容
2021.9	国企电子商务创新发展行动计划	推动跨境电商协同发展
2021.9	"十四五"电子商务发展规划	倡导开放共赢，支持跨境电商和海外仓发展
2021.7	"十四五"商务发展规划	推动外贸创新发展，开展跨境电商"十百千万"专项行动、规则和标准建设专项行动、海外仓高质量发展专项行动等，到2025年，使跨境电商等新业态的外贸占比提升至10%
2021.7	国务院办公厅关于加快发展外贸新业态新模式的意见	在全国适用跨境电商B2B直接出口、跨境电商出口海外仓监管模式，便利跨境电商进出口退换货管理，优化跨境电商零售进口商品清单，扩大跨境电商综合试验区试点范围。到2025年，力争培育100家左右在信息化建设、智能化发展、多元化服务、本地化经营等方面表现突出的优秀海外仓企业，并依托海外仓建立覆盖全球、协同发展的新型外贸物流网络
2021.3	中华人民共和国国民经济和社会发展第十四个五年规划和2035年远景目标纲要	加快发展跨境电商，鼓励建设海外仓，保障外贸产业供应链运转
2020.11	区域全面经济伙伴关系协定	RCEP协定的第十二章，详细列出了"电子商务"的具体条款。在第十二章电子商务部分中，第四节是促进跨境电子商务。这里包括计算设施的位置和通过电子方式跨境传输信息。在通过电子方式跨境传输信息上，一是缔约方认识到每一缔约方对于通过电子方式传输信息可能有各自的监管要求。二是缔约方不得阻止涵盖的人为进行商业行为而通过电子方式跨境传输信息等
2020.11	关于印发全国深化"放管服"改革优化营商环境电视电话会议重点任务分工方案的通知	推进跨境电商综合试验区建设
2020.11	关于推进对外贸易创新发展的实施意见	促进跨境电商等新业态发展
2020.8	关于进一步做好稳外贸稳外资工作的意见	支持跨境电商平台、跨境物流发展和海外仓建设
2020.7	关于做好自由贸易试验区第六批改革试点经验复制推广工作的通知	在全国范围内复制推广跨境电商零售进口退货中心仓模式

续表

发布日期	政策名称	主要内容
2020.6	关于落实《政府工作报告》重点工作部门分工的意见	加快跨境电商等新业态发展，提升国际货运能力
2020.6	关于开展跨境电子商务企业对企业出口监管试点的公告	自 2020 年 7 月 1 日起，跨境电商 B2B 出口货物适用全国通关一体化，也可采用"跨境电商"模式进行转关。首先在北京、天津、南京、杭州、宁波、厦门、郑州、广州、深圳、黄埔海关开展跨境电商 B2B 出口监管试点，根据试点情况及时在全国海关复制推广，有利于推动外贸企业扩大出口，促进外贸发展
2020.5	关于支持贸易新业态发展的通知	从事跨境电子商务的企业可将出口货物在境外发生的仓储、物流、税收等费用与出口货款轧差结算。跨境电子商务企业出口至海外仓销售的货物，汇回的实际销售收入可与相应货物的出口报关金额不一致。跨境电子商务企业按现行货物贸易外汇管理规定报送外汇业务报告
2020.5	关于同意在雄安新区等 46 个城市和地区设立跨境电子商务综合试验区的批复	同意在雄安新区、大同市、满洲里市、营口市、盘锦市、吉林市、黑河市、常州市、连云港市等 46 个城市和地区设立跨境电子商务综合试验区
2020.4	国务院常务会议	推出增设跨境电子商务综合试验区、支持加工贸易、广交会网上举办等系列举措，积极应对疫情影响，努力稳住外贸外资基本盘；决定延续实施普惠金融和小额贷款公司部分税收支持政策
2020.3	海关总署关于跨境电子商务零售进口商品退货有关监管事宜公告	跨境电子商务出口企业、特殊区域内跨境电子商务相关企业或其委托的报关企业可向海关申请开展跨境电子商务零售出口、跨境电子商务特殊区域出口、跨境电子商务出口海外仓商品的退货业务
2020.1	关于扩大跨境电商零售进口试点的通知	将进一步扩大跨境电商零售进口试点范围，本次扩大试点后，跨境电商零售进口试点范围将从 37 个城市扩大至海南全岛和其他 86 个城市（地区），覆盖 31 个省、自治区、直辖市

2. 跨境电商交易平台发展迅猛

跨境电商的大力发展与交易平台的支持、推动密不可分。具有一定规模、实力雄厚的交易平台不仅可以为跨国贸易提供良好的机会，还可以提升电商的品牌知名度，为企业获得利益。

近年来，我国的跨境电商交易平台迅速崛起。环球资源、敦煌、阿里巴巴等 B2B

网站是跨境电商发展成功的典范,在海外均具有很高的知名度。亚马逊、全球速卖通、丝路通商城等新型的 B2C 跨境电商网站也正快速崛起,为跨境交易的进行提供了稳定、安全的平台。

3. 相关配套服务日趋完善

我国跨境电商行业的迅速发展带动了与之相配套的相关周边产业的发展。首先,与跨境电商相关的法律法规不断完善;其次,交易平台如雨后春笋般激增;另外,物流、供应链、支付等技术的不断突破支撑了交易的一些衍生服务业的大力发展,并带动了快递、海外仓等行业的协同发展。

(四)我国跨境电商存在的问题

尽管跨境电子商务存在诸多优势,且发展迅速,但行业依然存在许多问题,阻碍和制约着跨境电商的进一步腾飞。

1. 通关效率问题

跨境贸易电子商务在交易的过程中不可避免地会涉及海关通关监管与征税。大量的货物通过快件渠道和邮递渠道进境,对海关的监管方式与征税提出了更高的要求。而面对跨境获取的邮递与退换等问题,现行的海关监管模式仍不能很好地解决。一些电子商务企业在跨境贸易方面已经出现了一些问题,特别是难以快速通关与规范结汇。因此相关企业和社会均迫切期待海关进一步提高通关效率。

2. 物流问题

物流通常包括仓储、分拣、包装和配送服务,其作为连通买家和卖家的一根纽带,在电子商务交易中占据着重要位置。目前,我国跨境物流存在很多困难和问题。首先,跨境物流成本偏高,跨境物流很多都依靠空运,这无疑增加了物流成本。其次,跨境物流尚未跟上跨境电商发展的步伐,存在一定的滞后性,而且体系建设尚不健全,基础设施还不完善,满足不了呈爆发式增长的跨境电子商务的交易需求,某种程度上制约了跨境电商的发展。

3. 电子支付问题

跨境电子支付涉及交易双方资金转账安全,是跨境贸易电子商务的核心环节。目前,电子支付尚存在一定的风险。一方面,在信息传输过程中,因系统故障或信息故障而造成支付信息丢失;另一方面,存在一些外部人员非法利用计算机技术盗取支付信息,对交易的一方造成损失。

4. 产品问题

跨境电商服务的核心是产品,产品质量的好坏直接影响电商交易的成败。目前,跨境电商产品存在的主要问题是种类有限,大多为简单加工品和初级产品,主要集中于衣服、箱包、食品、电子产品等个人消费领域,高新技术产品、高附加值产品并不多。同时,我国的跨境电商产品的品类目前还不齐全,可供选择的产品类型相对有限。

5. 法律问题

跨境电商是商业模式的变革，这种新型商业模式的出现对我国传统法律体系提出了新的要求。从当前跨境电商的法律问题看，最突出的仍然是涉及商品质量的监督和维权问题，法律体系不健全往往导致跨境消费者权益保护不足，一些不法分子利用电商平台进行欺诈、非法交易、虚假宣传等侵害消费者权益的违法行为，使得顾客的支付信息等隐私被非法泄露，跨境交易活动的安全性无法得到保障。与此相关的跨境法律还不完善，相关的管理还存在漏洞，这也使得不法行为得不到及时和有效的惩治。

6. 人才缺口问题

商务部电子商务和信息化司发布的《中国电子商务报告》指出，由于跨境电商新业态的快速发展，市场上现有的跨境电商从业者，主要还是原来传统外贸人才在摸索中转变而来，我国高校 2020 年才有了极度匹配的人才培养专业，以至于跨境电商行业此前并没有充足的人才储备。

二、跨境电商出口品类分析

国家"十四五"规划指出，加快发展跨境电商，鼓励建设海外仓，保障外贸产业链供应链顺畅运转。值得关注的是，2022 年受《区域全面经济伙伴关系协定》(RCEP) 生效等政策红利推动，2022 年上半年我国外贸企业进出口享惠货值超过 1200 亿元。此外，数字化技术为跨境电商的发展也提供了有力支持。大数据、云计算、人工智能、区块链等数字技术全面渗透跨境电商产业各个环节，成为推动行业迭代创新的重要驱动力。供需方面，在全球疫情影响的背景下，跨境电商已经成为最重要的全球化商品交易渠道。中国高效的疫情防控及较快的经济回暖能力，为中国跨境卖家成功出海奠定了良好基础，受疫情影响，"宅经济"成主流，国外消费者大规模转型线上化消费，刺激了跨境电商行业的快速发展。

数码 3C、家居家具和服装鞋帽位列前三，2022 年分别有 28%、26% 和 22% 的卖家销售相应品类产品。美妆个护、运动户外、小商品和工艺品、手工园艺等品类也是当前跨境电商的热点。

同时，在国家政策、市场需求、技术发展、资本力量的影响下，我国跨境电商呈现出新的发展趋势：资本加持、需求增加，跨境电商支持服务商市场潜力巨大；跨境电商从"产品出海"时代跨入"品牌出海"时代；移动社交时代，跨境电商在流量变革下朝精细化发展。

据监测数据显示，2019 年，中国出口跨境电商的主要目的国有：美国 15%、俄罗斯 12.5%、法国 11.4%、英国 8.7%、巴西 6.5%、加拿大 4.7%、德国 3.4%、日本 3.1%、韩国 2.8%、印度 1.6%、其他 30.2%。

跨文化沟通的
特点

任务二　跨文化沟通的特点

一、跨文化沟通

跨文化沟通 (cross-cultural communication)，通常是指不同文化背景的人之间发生的沟通行为。由于地域不同、种族不同等因素导致文化差异，因此，跨文化沟通可能发生在国家之间，也可能发生在不同的文化群体之间。

跨文化沟通概念源于经济的全球化，国家之间的交流首先是文化的交流。所有的国际政治外交、企业国际化经营、民间文化交流与融合，都需要面对文化的普遍性与多样性，研究不同对象的特征，从而获得交流的效果。在企业的国际化经营中，也有一些失败的案例，比如被写入哈佛 MBA 案例库的迪士尼乐园在法国投资失败，就是源于母国文化中心主义。

即便同在中国，不同省份之间的语言都会有差异；南方北方也有气候差异、饮食差异；交流中会遇到个性差异，也会出现"水土不服"的说法。这些其实就是跨文化沟通中的适应问题。

二、影响跨文化沟通的主要因素

（一）感知

感知与文化有很密切的关系。一方面，人们对外部刺激的反应，对外部环境的接受优先次序，是由文化决定的；另一方面，当感知形成后（尤指感知过程的结果——知觉），它又会对文化的发展以及跨文化的沟通产生影响。

（二）成见

当我们突然进入一种有着很少我们所熟悉的符号和行为的情境的时候，我们就会经历一种气势很强的令人烦恼不安的情境，这就是文化冲击。我们会因此而感到焦虑不安，甚至茫然不知所措。在这种情况下，成见常常就油然而生了。成见不是不可避免的，它常比悬而未决或模棱两可的状态容易接受得多。由于我们大多数人都很急惰，不愿意发展了解不同境遇中其他人的必要的能力，我们就心安理得地根据错误的信息来减少悬念状态带来的不安和痛苦。然而，问题是：成见作为我们头脑中的图像，常常是僵化的，难以改变的，以其作为防卫的机制则是不妥当的，而且常常是极为不利的。我们必须认识到，凡此种种的成见，对于成功地进行跨文化的沟通是全然无益的。

（三）种族中心主义

种族中心主义是人们作为某一特定文化中成员所表现出来的优越感。它是一种以自身的文化价值和标准去解释和判断其他文化环境中的群体——他们的环境、他们的沟通——的一种趋向。

所有人都经历了促使民族中心主义心态发展的社会过程。人们通过受教育知道了"如何行事"的准则，通过观察知道了周围人的行为方式，对某一特定的制度和体系也越来越熟悉。从一种文化的角度看，假定另一种文化能选择"最好的方式"去行事似乎是不合理的。因而，我们对文化差异很大的人们之间的沟通，在早期是抱着否定态度的。

（四）缺乏共感

缺乏共感的主要原因是人们经常是站在自己的立场而不是他人的立场上理解、认识和评价事物的。缺乏共感也是由许多原因造成的。首先，在正常情况下，设身处地地站在他人立场上想象他人的境地是十分困难的，尤其是文化的因素加入之后，这个过程就更加复杂了。其次，显示优越感的沟通态度也阻碍了共感的产生。如果一个人总是强调自己管理方法的科学性，固执己见，那么我们就很难与之产生共感。第三，缺乏先前对于某个群体、阶级或个人的了解也会阻碍共感的发展。如果从来没有在国外的企业工作过或从事过管理，也就没有机会了解他人的文化，我们就很容易误解他人的行为。这种知识的缺乏，可能致使我们从某些不完全跟行为背后的真正动机相联系的行为中得出结论。最后，我们头脑中所具有的跟人种和文化相关的成见也是达到共感的潜在的抑制因素。

三、跨文化沟通的障碍及对策

（一）跨文化沟通的障碍

（1）存在语言与行为的表达方式的不同。

（2）存在信仰与行为的差异。

（3）文化的多样性。

（4）存在价值观的不同。

（二）克服障碍的对策

克服障碍可以从如下几方面入手：

（1）从态度和认知上提高敏感度，提高我们的全球意识。人是文化动物，难免用自己的价值观来分析和判断我们周围的一切，比如人家批评几句，就什么都听不进去，总觉得我们文化比别人的优越，或者有种族偏见和歧视，这些都是跨文化沟通的巨大障碍。只有带着虚心的态度和平静的心态才能真正听得进去意见，有效沟通才可能真正发生。就如布莱斯·帕斯卡在其所说的名句"在比利牛斯山这边是真理的东西，在比利牛斯山那边就成了谬误"。因此，要学会培养接受和尊重不同文化的意识。

（2）掌握不同文化的知识和外语工具，多了解自己文化和其他文化的差异，这样会提高跨文化沟通的有效性。

（3）在行为上不断训练自己和不同文化背景的人交往，锻炼自己的能力，尤其是倾听能力，确认自己听到的是对方真正的意思。

各贸易国沟通礼仪

任务三　各贸易国沟通礼仪

一、主要贸易国消费习惯

（一）美国

美利坚合众国（United States of America），简称美国，是由华盛顿哥伦比亚特区、50个州、关岛等众多海外领土组成的联邦共和立宪制国家。国土面积937万平方公里（加上五大湖中美国主权部分和河口、港湾、内海等沿海水域面积）。2020年普查结果显示，美国人口为3.33亿人。通用英语，是一个移民国家。

北美原为印第安人的聚居地，15世纪末，西班牙、荷兰等国开始向这里移民，英国则后来居上。1773年，英国已建立13个殖民地。1775年，爆发了北美人民反抗英国殖民者的独立战争。1776年7月4日，在费城召开了第二次大陆会议，由乔治·华盛顿任总司令，通过《独立宣言》，正式宣布了美利坚合众国的成立。独立战争结束后的1788年，乔治·华盛顿当选为美国第一任总统。南北战争之后，美国的资本主义经济得以迅速崛起。19世纪初，美国开始对外扩张，历经两次世界大战后，美国国力大增，是当今世界上唯一的"霸权"超级大国。wish跨境电商平台的50%以上市场在美国，分析wish平台数据可知美国消费者有以下特点。

（1）网购人群比例大，有购物节聚集。

Power of Reviews发布了2023年美国消费者网购调查报告，报告基于对8000多名美国购物者的研究，分析了当前影响美国人购物的主要因素。报告按年龄划分研究了四大主要消费群，包括Z世代（1997年至今），占8%；千禧一代（1981—1996年），占53%；X世代（1965—1980年），占29%；婴儿潮一代（1946—1964年），占10%，其中大多为中等收入群体。网购搜索行为调查显示，美国99.5%的消费者都会在网上搜索和研究产品，87%的人在线搜索和研究的频率偏高，Z世代这样做的比例要高于婴儿潮一代。亚马逊是人们网购搜索时的首选渠道，有50%的人选择；其次是谷歌（31.5%）、品牌或零售网站（14%）。与中国网购盛宴设定在"双十一"及"双十二"不同，美国的网购打折季与传统购物季节重合，长达一个多月，即从感恩节后的第一天（又称黑色星期五）一直延续到圣诞节。

（2）质量第一，包装第二。

美国人最关心的首先是商品的质量，其次是包装，最后才是价格，这点也契合厚利多销的解析。因此产品质量的优劣是进入美国市场的关键。在美国市场上，高、中、低档货物差价很大，如一件中高档的西服零售价在 40 ~ 50 美元，而低档的则不到 5 美元。

（3）受销售季节影响。

每个季节都有一个商品换季的销售高潮，如果错过了销售季节，商品就要削价处理。美国大商场和超级市场的销售季节是：

1—5 月为春季，7—9 月为初秋升学期，主要以销售学生用品为主；

9—10 月为秋季，11—12 月为假期，即圣诞节时期。这时又是退税季节，人们都趁机添置用品，购买圣诞礼物。这个时期，美国各地商场熙熙攘攘，消费者络绎不绝，当季商品很快就会销售一空。这一时期的销售额占全年的 1/3 左右。

（4）颜色。

在美国，一般浅洁的颜色受人喜爱，如象牙色、浅绿色、浅蓝色、黄色、粉红色、浅黄褐色。这是因为：一、纯色系色彩比较受人欢迎；二、明亮、鲜艳的颜色比灰暗的颜色受人欢迎。因此，亚马逊要求商家使用白色背景。

（5）禁忌。

美国人忌讳数字"13"，和中国人有数字忌讳一样，一些美国人会忌讳"13""3""周五"等符号，他们认为这些数字和日期是厄运和灾难的象征（多半和圣经中记载的传说有关）。在美国鞋不能乱脱，无论男女，在别人面前整理袜子，拉扯鞋带，都是十分不礼貌的行为。特别需要注意的是，不能在你不熟悉的同学或朋友面前脱鞋或赤脚，否则会被视为不知礼节的野蛮人。当然，去他人家中做客，进门前有地毯，则脱鞋不能算在该情况之内。在美国还不能伸舌头，在中国，伸舌头被认为是可爱的面部表情，通常用来表达尴尬或微囧的情绪，但美国人却不能欣赏这份萌。如果是成人，冲人伸舌头被认为是一件既不雅观又不礼貌的行为，甚至他们会把这个动作延伸为瞧不起人。

（二）俄罗斯

俄罗斯，位于欧亚大陆北部，地跨欧亚两大洲，国土面积 1709.82 万平方公里，占地球陆地面积八分之一，是世界上国土面积最大的国家，也是一个由 194 个民族构成的统一的多民族国家，总人口 1.46 亿人，是世界上人口第九多的国家，主体民族是俄罗斯人（约占总人口的 77.7%），主要少数民族有鞑靼、乌克兰、楚瓦什、巴什基尔等。俄罗斯人的祖先为东斯拉夫人罗斯部族。公元 15 世纪末，大公伊凡三世建立了莫斯科大公国。1547 年伊凡四世自称沙皇，建立沙皇俄国，并在 1721 年由彼得一世改称俄罗斯帝国。1917 年十月革命后建立了世界上第一个社会主义国家政权。1922 年 12 月，苏维埃社会主义共和国联盟正式成立。冷战期间成为与美国并驾齐驱的"超级大国"。1991 年 12 月苏联解体后，最大加盟国俄罗斯正式独立，继承了苏联的大部分军事力量，综合军事实力居世界第二，拥有世界上最大的核武器库。在"一超多强"的国际体系中，俄罗斯是有较大影响力的强国，其军工实力雄厚，特别是航空航天技术，居世界前列。俄罗斯还是联合国安全理事会五大常任理事国之一，对安理会议案拥有一票否决权。除此以外，俄罗斯还是五个金砖国家之一。作为速卖通卖家最为看好的市场，谁能掌握俄罗斯买家的需求，就相当于把握住了俄罗斯市场的脉搏。

（1）俄罗斯季节温差较大，营销的季节性很强。

在发布信息时可以在标题关键词中突出当季热卖。俄罗斯的冬天很冷，所以人在室外非常注重保暖，帽子、围巾、手套是必备品；女性还特别热衷购买动物皮毛的外套。所以在冬季热销的商品有帽子、手套、围巾、五指分开的手套、皮草长大衣、皮草短大衣等。

（2）俄罗斯人在外面和在家时穿的衣服不一样。

俄罗斯人在家一定会换家居服，洗澡完会披浴袍，睡觉的时候又穿上薄一点舒服一点的睡衣。所以家居品类热销的有家居鞋、家居衣和睡衣之类。

（3）俄罗斯人热爱运动。

运动是俄罗斯人生活的重要组成部分，他们会经常购买专门的运动服、运动鞋及配件。

（4）俄罗斯人爱度假。

俄罗斯人（特别是年轻人和孩子）有度假的习惯，一般喜欢去海滩，所以会购买很多海滩上用的东西，像泳装、海滩上穿的衣服和沙滩鞋之类。

（5）俄罗斯女性会打扮，男性偏胖。

俄罗斯女性一般都会打扮、化妆，所以对美容类产品的需求大，但是她们更喜欢购买有品牌的化妆品。俄罗斯女性很喜欢追赶流行，时刻关注新款的服装、鞋、包。一些当季热门和热卖的、新奇的、创意流行的商品比较受追捧。俄罗斯的成年女性不喜欢太过可爱的穿衣风格，她们更喜欢欧洲的性感风。俄罗斯男人比较高大，肥胖的人群也很多，所以对加大码的衣服有特殊偏好。俄罗斯用户较偏好欧美模特展示的服装，认为这些衣服会更合身。

（6）正装也热销。

很多政府及公司的员工都会穿西装（正装），在节日和正式场合也要穿西装，有些男士还会配袖扣。因此，西服套装、袖扣等商品比较畅销。

（7）节日送礼很频繁。

每年新年、妇女节、男人节、情人节，俄罗斯人都要送礼，这时候创意之类的礼物就非常对他们胃口。同时他们对初生的婴儿十分重视，有朋友生孩子他们常常会送礼物，因此新生儿用品也比较畅销。

（8）价格因素很敏感。

价格在俄罗斯人的购买决策中占很大的比重，但也有一部分人更偏重有品牌的优质产品。

（9）要看得懂俄式英语。

俄罗斯客人的询盘最大的特色就是俄式英语。可能很多人第一次看很是吃力，因此建议使用靠谱的语言处理软件或者直接使用俄语与对方交流，这样会提升客户兴趣度，俄罗斯客人很喜欢用 SKYPE 在线谈生意，也用 SMS（相当于我们中国的短信）。

（10）禁忌。

俄罗斯人忌讳黄色，忌讳送蜡烛。俄罗斯人通常认为蜡烛是能带来死亡的不祥之物，因而送此物等于诅咒对方早日死去。他们还忌讳学猫头鹰叫，他们认为这预示着人将受到死亡的威胁。在俄罗斯，忌议论妇女长相、年龄，忌过分赞美，忌恭维身体健康，忌提前祝贺生日，忌用手指点对方，注意合理使用网络手势。

（三）欧洲

视觉电子商务平台 Photoslurp 和市场研究平台 Zinklar 进行了一项研究，其专注于研究欧洲五个主要国家（英国、德国、西班牙、法国和意大利）的女性购物习惯。该研究旨在了解买家在线购买化妆品的动机，以及品牌商如何优化他们的在线购物体验以满足顾客的需求。这两家公司调查了来自英国、德国、西班牙、法国和意大利的1500名女性，发现化妆品通常不是每周或每天购买的，而是在几个月的时间里不间断购买的。近四分之三的受访者在过去12个月内曾网购过化妆品。英国、法国和意大利的女性消费者比例较高，分别为85.3%、83.3%和83%。西班牙和德国只有60.3%和57.3%的女性消费者在网上购买化妆品。这项研究还显示，在法国，女性几乎每隔几个月就会在网上购买化妆品。而在西班牙，女性通常一年只网购一次到两次。在意大利，五分之一的女性消费者每月在网上购买一次化妆品。在英国，就网购化妆品而言，Superdrug 是较受欢迎的电子商务网站，其次是亚马逊和 eBay。在西班牙，亚马逊是较受欢迎的购物平台，其次是 Kiko 和 Maquillalia。在意大利，亚马逊和 Kiko 也名列前茅，丝芙兰 (Sephora) 排名第三。在德国，在线时尚服务 Douglas 是较受欢迎的网购平台，亚马逊紧随其后，DM 排名第三。在法国，购买化妆品较受欢迎的电子商务网站是 Yves Rocher，其次是丝芙兰和 Nocibe。

1. 英国

英国，全称大不列颠及北爱尔兰联合王国（United Kingdom of Great Britain and Northern Ireland），位于欧洲西部，由大不列颠岛（包括英格兰、苏格兰、威尔士）、爱尔兰岛东北部和一些小岛组成。隔北海、加来海峡、英吉利海峡与欧洲大陆相望。海岸线总长11450公里。属海洋性温带阔叶林气候。2020年1月31日23:00，英国正式离开欧盟。国土面积24.41万平方公里（包括内陆水域），人口数量0.670亿（2021年）。英国电商市场占据了欧洲电商市场的主要份额。自2012年以来，英国电商市场每年都保持着10%以上的增长速度。

英国人的网购习惯是以意外购买为主。英国65%的消费者大多时候浏览购物网站只是为了"看"，而不是为了买，他们想看看哪些物品或许有用。有33%的消费者表示，他们会专门去看一些品牌网店，了解下最近推荐或流行趋势。有五分之二的消费者表示，网购时更容易发生"意想不到"的购买行为，本来什么都不想买，结果看着看着就买了很多东西。

注意事项：

（1）星期天伦敦商店都停止营业，剧场和大多数电影院也都关门。因为伦敦人都喜欢在星期天出城去郊游。

（2）在英国，送礼时不宜送贵重的礼品，由于所费不多就不会被认为是一种贿赂。英国人也像其他大多数欧洲人一样，喜欢高级巧克力、名酒和鲜花。对于饰有客人所属公司标记的礼品，他们大多并不欣赏。

（3）英国人见面时不爱讲个人私事，而爱谈论天气，否则会受以冷遇。

（4）在英国竖大拇指是拦路要求搭车之意。

（5）英国人在穿戴上比较讲究，因此男士在会客、拜访或参加酒会、宴会、晚会时仍要穿西服打领带。在夏天，可以不穿西服，只穿短袖衬衫，但也得打领带。

（6）英国人的时间观念较强，对安排好的约会一定要准点到达。无故迟到会被认为很不礼貌，到得太早也不必要。如因故延误或临时取消约会，要设法用电话通知对方。

2. 德国

德意志联邦共和国（Federal Republic of Germany），简称德国，是位于中欧的联邦议会共和制国家，北邻丹麦，西部与荷兰、比利时、卢森堡和法国接壤，南邻瑞士和奥地利，东部与捷克和波兰接壤，该国由16个联邦州组成，首都为柏林，领土面积357376平方公里，以温带气候为主，人口约0.843亿（2022年底），是欧洲联盟中人口最多的国家，以德意志人为主体民族。德国人的祖先为古代居住在中欧的日耳曼人。目前，德国是欧洲第一大经济体，也是欧盟的创始会员国之一，还是北约、申根公约、八国集团、联合国等国际组织的重要成员国。德国是一个高度发达的资本主义国家，作为欧洲四大经济体之一，其社会保障制度完善，国民具有极高的生活水平。德国在基础科学与应用研究方面十分发达，以理学、工程技术而闻名的科研机构和发达的职业教育支撑了德国的科学技术和经济发展。以汽车和精密机床为代表的高端制造业，也是德国的重要象征。

德国人的网购习惯是周六购物。由德国联邦电子商务、邮购协会和Creditreform Boniversum有限公司发起的一项消费者行为调查发现，德国消费者通常会在星期六网购。然而，参与调查的1000人中，超过一半的人表示，他们对网购时间没有特别偏好。德国人早已习惯网上购物，90%的人会网购或邮购。德国电子商务正蓬勃发展，尤其是服装品类（2016年的销量达1120万欧元）。体育用品消费者也通常在周六购物，其比例达到34%。至于购物时间段，在下午六点到午夜购物的消费者比例达61%，在晚上购买服装和鞋类的消费者比例达63%。

注意事项：

（1）德国人对"13"十分忌讳，"13"对于他们来说是不吉利的象征。

（2）德国人忌聊年龄、职业、收入、宗教信仰等，尤其是对于德国女性来说。

（3）德国人对于喜欢的东西，即使再喜欢也不会问价格的。

（4）当德国人生病的时候，除了一些比较常见的感冒外，大家最好不要问他们的病因和具体病情，这样是很不礼貌的。

（四）东南亚

东南亚(SEA)位于亚洲东南部，包括中南半岛和马来群岛两大部分。中南半岛因位于中国以南而得名，南部的细长部分叫马来半岛。马来群岛散布在太平洋和印度洋之间的广阔海域，是世界最大的群岛，共有两万多个岛屿，面积约 243 万平方千米，分属印度尼西亚、马来西亚、东帝汶、文莱和菲律宾等国。

东南亚地区共有 11 个国家：越南、老挝、柬埔寨、泰国、缅甸、马来西亚、新加坡、印度尼西亚、文莱、菲律宾、东帝汶，面积约 457 万平方千米，人口约 5.6 亿，其中老挝是东南亚唯一的内陆国，越南、老挝、缅甸与中华人民共和国陆上接壤，仅东帝汶不是东盟成员国。东南亚地处亚洲与大洋洲、太平洋与印度洋的"十字路口"。马六甲海峡是这个路口的"咽喉"，战略地位非常重要。马六甲海峡地处马来半岛和苏门答腊岛之间，全长约 1080 千米，最窄处仅有 37 千米，可通行载重 25 万吨的巨轮，太平洋西岸国家与南亚、西亚、非洲东岸、欧洲等沿海国家之间的航线多经过这里。马六甲海峡沿岸的国家有泰国、新加坡和马来西亚，其中新加坡位于马六甲海峡的最窄处，交通位置尤其重要，是沟通印度洋和太平洋的"十字路口"。

东南亚地区客户有如下网购消费特点。

（1）物美价廉的产品是东南亚客户所青睐的。

东南亚国家虽然近些年来经济发展形势良好，发展速度快，但经济综合水平和整体消费水平还有待提高。目前大多数消费者的消费水平还比较低下，他们更偏向于选择一些价格偏低的快速消费品，毕竟这样试错成本较低。同时东南亚消费者对尚在发展且欠成熟的电商行业表示担忧，如他们怕假货，怕丢件，担心服务差等。总而言之，东南亚客户追求的是物美价廉的产品。

（2）移动端是越来越重要的流量来源。

东南亚各国大力投资建设网络基础设施，互联网渗透率攀升，移动电商在东南亚的崛起势不可挡。有研究显示，2020 年初，东南亚移动端流量占所有电商流量的 70% 以上。其中，移动流量占比最高的国家是印度尼西亚，高达 87%。此外，东南亚人平均每天花费 3.6 小时使用移动互联网，这个数字是世界上较高的。因此如何在移动端花样迭出地吸引消费者是获取消费者关注的关键。

（3）付款方式多样化。

据 2019 年统计，东南亚地区（不包括新加坡）的信用卡渗透率较低，电商付款面临不少挑战，支付方案呈多样化。在越南和菲律宾，超过 80% 的电商公司提供货到付款服务。银行转账在印度尼西亚、越南和泰国很受欢迎，分别占比 94%、86%、79%。在泰国和越南，近 50% 的商家提供线下销售点。在越南和印度尼西亚，分期付款非常受欢迎，并且越来越受欢迎。想进入东南亚电商市场的企业需对付款方式多了解并做好相应的心理准备。

（4）喜欢在工作时间购物。

据 2019 年数据统计，东南亚电商订单数量在上午 9 点到下午 5 点之间最多，这说明该地区的购物者很可能在工作时间购物。

（5）多渠道购物，精打细算。

在东南亚，独立网站、社交媒体分销以及线上线下融合的多渠道购物决策正在深入渗透到当地生活中。比如，消费者对于价值较高、试错成本较高的产品，往往先在线搜索，然后线下比较，对比后再选择一种方式购物。东南亚地区消费者可选择的平台和形式比较丰富，消费者会综合选择对自己最有利的一种方式进行购物。

（6）中产人数增加，消费升级。

新中产崛起是东南亚经济发展的"现象级"结果。印尼、越南、泰国等国家中产阶级人数预计将在未来几年内大幅度增长。作为国家的高消费力人群，他们无疑是电商乃至整体零售的中流砥柱。

以印尼为例，这是东南亚较大的电商市场，人口非常多，从印尼政府发布的数字了解到印尼有 300 多个民族，掌握印尼的某些基本常识和风俗习惯忌讳对做好东南亚跨境电商市场的帮助是非常大的，下面大家一起来认识一下吧。

语言种类多。依据印尼官方统计数据，印尼有 200 多种民族语言，其官方用语为印尼语。

宗教信仰不唯一。印尼是一个宗教信仰色彩比较浓重的国家，全国约 87% 的人都信仰伊斯兰教，换句话说，印尼是世界上穆斯林人口数量最多的国家。约有 6.1% 的人信仰基督新教，3.6% 的人信仰天主教，其他人大多信仰印度教、佛教和原始拜物教等。

印尼人注重礼仪。印尼人总体上较为传统，因此在公共场合服饰普遍十分得当。办公时男士一般穿着统一工作服或穿运动长裤、白衬衣并打领带。长袖上衣蜡染衫也常见。女士穿裙子和有袖的短款外套，色彩不可以过度艳丽。倘若参观考察寺庙或清真寺，女士不可以穿无袖服、背心、超短裤等较为外露的服饰。印尼人在进入一切崇高的处所前，必须把鞋脱掉。

印尼人对称呼较为重视，中层阶级的印尼人一般有两个名字，下层老百姓一般只有一个名字。富有的印尼人通常情况下姓和名都很长，能够采用一个短名和首字母缩写名。要留意的是在称呼人的时候，只能使用他们的第一个姓，不可以使用下一个。

在饮食结构上，印尼人也以大米为主食，以鱼、虾、牛肉等为副食。需要注意的是伊斯兰教徒禁吃猪肉，因此绝大多数印尼人都不吃猪肉，且印尼人习惯吃西餐。除了在官方场合会使用刀叉外，他们全是左手抓饭吃。他们在就餐时，有边吃边喝冷开水的习惯，也喜欢喝红酒、纯净水等，通常不喝烈酒。

在印尼用右手传送物品和食材是十分忌讳的；许多人还忌讳别人摸他们小孩的头顶部，认为这是缺乏教养的个人行为；老鼠和乌龟也是印尼人避讳的对象。与印尼人沟通交流时，不要涉及政治、宗教信仰等话题讨论。

二、沟通礼仪

（一）女士优先

女士优先是国际公认的一条礼仪原则。在社交场合，男士对女士应当礼让，应以自己的言行去尊重、关怀、照顾、体谅、保护女士。

（二）不卑不亢

不卑不亢，是涉外交往中应有的态度。每个人在涉外交往中，不仅代表个人，而且代表国家、民族和组织。因此，言行必须从容得体，堂堂正正，维护国家利益，体现民族气概。在外国人面前既不能奴颜婢膝、低三下四，也不能妄自尊大、傲慢无礼。

（三）入乡随俗

入乡随俗是指在与外国人直接交往时，或者正式前往其他国家、地区时，要注意了解和尊重当地所特有的风俗习惯。

（四）尊重隐私

隐私是指为了维护自己的尊严或出于其他方面的考虑，而不愿意对外公开、不希望外人了解的私人事宜或个人秘密。个人收入、年龄、婚恋情况、健康状况、家庭状况、个人经历、信仰、所忙事务等，都属于个人隐私。

（五）求同存异

由于世界各国的社会制度、文化背景各不相同，礼仪习俗也存在着差异。在国际交往中，应了解对方、尊重对方，做到求同存异。求同，就是遵守国际通行的礼仪惯例；存异，就是尊重交往对象所在国的礼俗。

（六）信守约定

信守约定是指一切正式交往中，都必须认真严格地遵守自己的所有承诺，说话要算数，许诺要兑现，失约要道歉。

三、通信礼仪

（一）电话礼仪

（1）拨打电话：时间适宜，有所准备，礼貌对话，举止得体。
（2）接听电话：及时接听，礼貌应答，热情代转，认真记录。

（二）手机礼仪

（1）手机使用：场合适宜，保证畅通，重视号码和对话私密。
（2）短信使用：讲究场合，礼貌收发，内容文明。
（3）社交软件使用：命名规范，时间适宜，慎用语言，及时回复，注意内容准确，点赞恰当。

（三）电子邮件礼仪

（1）精心撰写。
①主题明确，一目了然。
②语言流畅，便于阅读。
③内容清楚，简明扼要。
（2）书写规范，格式符合要求。
（3）讲究收发，文件要经杀毒软件查杀后再发放，不随意发垃圾邮件。

（4）尊重隐私，注意同时传给不同的收件人时，使用"秘密抄送"，避免泄露客户邮箱信息。

（5）及时回复：定时打开邮箱，及时回复商务邮件，若因公出差等应迅速补办，并致歉。

思考与练习

1. 查阅网络资料，用官方数据说明 2022 年跨境电商市场的状况。

2. 查阅网络资料，用官方数据说明中国前五位跨境合作贸易国的消费习惯。

3. 根据书中列举的我国跨境电商存在的问题，查找真实数据和案例，具体谈谈问题的原因及分析解决办法。

模块二
跨境电商客户服务及策略

学习目标

理解并掌握电商客服人员业务技能。

情景描述

小王是入职两个月的客服，已经掌握了相关业务，系统操作也比较熟练了，但是每次考核数据出来以后发现自己和老员工还是有一些差距。作为售前客服，客单量和满意度是考核的关键。邀评率、返回率、好评率方面，小王比别人明显突出，但接待量方面小王和老员工有一定的差距，见表2-1。小王感到十分疑惑，如何兼顾接待量和满意度两方面成了小王亟待解决的问题。

表 2-1　客服人员接待量和满意度数据

姓名	接待量	邀评率	返回率	好评率
小王	80	97.75%	45.67%	95.65%
小李	100	90.00%	31.11%	92.86%
小张	141	93.62%	40.94%	75.86%
小赵	102	97.87%	39.13%	72.22%
小单	115	85.22%	38.88%	79.07%

情景分析

你认为客服小王出现此问题的原因是什么？请给出提高小王业务技能的有效方案。

业务技能是客服人员需要具备的基本技能，是通过培训学习逐渐掌握和熟悉的必备技能，是检验客服人员是否专业的标准。

任务一　跨境电商客户服务概述

一、客户服务的含义

随着信息技术的突飞猛进，社会经济不断发展，企业间产品的同质化倾向日趋明显，产品更新换代的速度也日益加快。企业间激烈的竞争最终成了客户之间的竞争，企业也都在思考怎样才能吸引更多的用户，怎样才能培育更忠实的用户。越来越多的企业都通过为客户提供更好的服务来赢得客户，大部分企业在制定企业战略目标时都会包括客户服务质量的目标，也就是说，客户服务在企业经营战略中占有非常重要的位置。

因此，客户服务越来越受到重视，企业对具有客户服务技能的人才需求越来越大。

1. 客户服务的定义

客户服务，主要体现了一种以客户为导向的价值观，它整合及管理在预先设定的最优成本——服务组合中的客户界面的所有要素。广义而言，任何能提高客户满意度的内容都属于客户服务的范畴。

2. 客户服务的座右铭

以客户至上为经营理念的公司，都会努力认清客户的内部需求和外部需求，并尽量满足客户。例如，沃尔玛公司的创始人萨姆·沃尔顿，为公司制定了三条客户服务座右铭："顾客是上帝""尊重每一个员工""每天追求卓越"。

3. 创造企业客户服务个性

如今，几乎所有的企业都在努力地为客户提供最佳的服务，当客户感到企业的存在就是为他们服务并能满足他们的特殊要求时，企业就获得了竞争的优势，这种优势称为服务个性。企业的客户服务个性水平高，就会有更多的客户光顾，从而产生更多的忠实客户，企业才会获取更多的利润。

✐ 小练习

假设你是消费者，请根据下面两则广告选择其中一款冰箱，并说明原因。

1. 巨人冰箱

颜色：红、白、蓝、黄 4 种颜色。

体积：180 厘米 ×120 厘米 ×60 厘米。

容量：80 升。

功能：冷冻、冷藏分开，零件进口率 95%，获得国际质量金奖；速冻保鲜，不串味；电压不稳时可自动断电。

最低制冷温度：−14 ℃。

售价：2380 元。

2. 幻彩冰箱

颜色：红、白、蓝、黄 4 种颜色。

体积：180 厘米 ×120 厘米 ×60 厘米。

容量：80 升。

功能：冷冻、冷藏分开，零件进口率 95%，获得国际质量金奖；速冻保鲜，不串味；电压不稳时可自动断电。

最低制冷温度：−12℃。

售价：1980 元。

请根据两款冰箱的以下补充信息，再次做出选择并说明原因。

1. 巨人冰箱

服务：保修 2 年，开通 24 小时热线电话。

如果顾客在购买冰箱后发现商品销售人员夸大了冰箱的功能，可以立即退货；一旦冰箱发生故障，维修人员会在 24 小时内赶到现场；如果对维修人员的服务不满意，可直接通过电话或网络向客服中心反馈。

2. 幻彩冰箱

服务：保修 1 年，冰箱一旦售出，若无明显质量问题，概不接受退货。

🎧 **思考并回答**

（1）你的前后两次选择有所改变吗？

（2）如果有改变，什么原因导致你的选择发生改变？

（3）在现在激烈的市场竞争中，客户服务占有什么样的地位？（请大家结合自己的网购经历想想看。）

二、跨境电子商务客户服务的含义

跨境电子商务客户服务也称"网上客服"，是基于跨境互联网平台的一种客户服务，是指通过网上即时通信工具为客户提供产品及一系列服务。如今，跨境电子商务客户服务应用水平和知识实施能力已经不是"启蒙时期"，企业要做的工作是实实在在地与客户建立"双赢"的专业价值客户服务体系，把产品和服务应用到企业经营的最前期，同时，客户通过实践为企业提出改进产品和服务的建议。

📖 **情景案例**

跨境电子商务客户服务需具备的基础知识

客户：你好，请问我家有 3 口人，需要购买多大容量的热水器呢？

客服：您好，储水式热水器一般 50 升就可以了哦。

客户：现在下单明天能到吗？

客服：请把您的地址告诉我一下呢。

客户：美国宾夕法尼亚州。

客服：帮您查了一下，现在下单的话预计一个月后到。

客户：到了就安装吗？

客服：您好，正常是联系师傅后 24 h 内上门安装呢。

客户：好的，谢谢。

客服：不用客气呢，请问还有其他需要帮您的吗？

客户：没有了。

客服：感谢您的咨询，请给好评哦！

🎧 **思考并回答**

（1）客服在服务客户时是否有错误？如果有，请指出。

（2）以上案例中，客服运用了哪些基本知识？

三、跨境电子商务客户服务的内容

（一）跨境电子商务客户服务包含的内容

跨境电子商务客户服务人员所提供的服务包括客户答疑、促成订单、店铺推广、售后服务等。客服人员需要处理客户投诉、受理订单业务（增补单、调换货、撤单等）、通过各种沟通渠道参与客户调查、与客户直接联系。

（二）处理跨境电子商务客户关系应当遵循的原则

不同国家不同客户具有不同的性格，一旦问题没有处理好，有些客户就会抱怨，还可能引起连锁效应，使整个企业受到影响，甚至使企业遭受信任危机。因此，企业需要对客户进行仔细的分析研究，想出跟客户有效沟通的方法，尽可能让客户满意。跨境电子商务客户服务人员的服务应当遵循以下几点原则。

1. 承诺与惯性原则

承诺与惯性原则是指人们对过去做过的事情有一种强烈连贯性的需求，希望维持一切旧有的形式。客户过去有一种什么样的习惯或做事的方法，会影响现在或将来他对事物的需求。因此，客服人员要学会与客户相处，满足客户内心的需求。

2. 互惠原则

人们到水果摊买水果时，卖水果的老板有时会切一块水果让其品尝，如果顾客觉得水果的味道不错，就有可能购买；到超市购物时，有些促销员会请顾客品尝一杯酸奶，如果觉得味道不错，就有可能购买。这就是互惠原则，也是一种文化传说，所谓"来而不往非礼也"。我们在帮助别人的时候，别人也在想着如何回馈。客服在和客户交往的过程中，可以在适当的时机，给客户一些"小恩小惠"，不要小看这些不起眼的"小恩小惠"，它可能会让客户觉得自己受到了尊重，激发客户购买的欲望。

3. 社会认同原则

社会认同的影响力无处不在。购买商品和服务的客户可以极大地影响其他客户的购买决策，让更多的人来购买。人们会效仿身边人的行为，特别是那些看上去和他们相似的人。例如，我们会发现企业里一些员工会用同一款手机，办同一个健身房的会员卡。

📖 情景案例

惠多热水器不出热水如何解决？

用户在网上买了一台惠多热水器，收到货的第二天，用户反馈热水器不出热水，售后先承诺当天上门，又告知次日才能上门。后来客户打售后电话多次，均无人接听。客户很着急，情绪很激动，抱怨出了问题不及时解决，影响正常生活，再不及时上门就要投诉了。

🎧 **问题**

（1）案例中出现的情况如果处理不好，可能会出现什么后果？

（2）如果你是热水器公司的客服，遇到案例中的情况，你会如何处理？

（3）要处理好上述案例中客户的投诉，客服要具备哪些素质和能力？

四、跨境电子商务客服分类

（1）跨境电子商务客户服务按形式分为在线客服和语音客服；

（2）跨境电子商务客户服务按业务职能分，有售前客服、售中客服和售后客服；

（3）跨境电子商务客户服务按工种分，根据目前网络客服工作，可以分为售前客服、售中客服、售后客服、技术客服和中差评客服等。

跨境电商
客服职业素养

任务二　跨境电商客服职业素养

一、跨境电商客服人员应具备的基本素质

一个合格的跨境电商客服人员应具备一些基本的素质，如心理素质、品格素质、技能素质及其他综合素质等。

1. 心理素质

客服人员在工作过程中，可能会遇到很多问题，随时会面对压力和挫折，因此，客服人员必须具备良好的心理素质才能胜任客服工作。合格的客服人员要有承受挫折的能力，情绪的自我掌控及调节能力，并具备积极进取的良好心态。

2. 品格素质

（1）爱岗敬业，要想成为一名优秀的客服人员，要认真工作，兢兢业业做好每一件事。

（2）忍耐与宽容，这是优秀跨境电商客服人员的一种美德。

（3）谦和的服务态度，这是能够赢得客户服务满意度的重要保证。

（4）不轻易承诺，真诚对待每一位顾客。

（5）遇到问题主动解决，不逃避，勇于承担责任。

3. 技能素质

（1）高超的语言沟通技巧。跨境电商客服人员应该具备良好的语言文字表达能力和谈判技巧，以及敏锐的观察力和洞察力，只有这样才能更好地分析顾客的心理和需求。只有了解了客户的心理，才可以有针对性地开展工作。具备良好的沟通技巧是保证交易顺利完成的关键，经验表明许多交易的失败是由买卖双方沟通不畅导致的。

（2）丰富的专业知识和技能。跨境电商客服人员要对自己的产品有足够的了解，这样才能保证第一时间给顾客最正确的回答。另外，客服人员还要具备丰富的行业知识、经验和熟练的专业技能，要能够协助同事开展网络业务推广和市场开拓工作，能胜任网上商城的管理与服务工作，会制订网上商城大型促销及推广计划。

4. 其他综合素质

（1）要有客户至上的服务观念。

（2）要有对各种问题的分析和解决能力。

（3）要有人际关系的协调能力。

（4）要有自我调节和自我减压的能力。

📖 情景案例

小张的焦虑

　　小张同学是跨境电子商务专业的学生，面临毕业的他正在寻找一份客服岗位的工作。经过面试筛选后，他成为国内某知名跨境电商平台的一名售后客服。入职不久，小张就迎来了跨境电商行业每年最大的活动——圣诞节促销。上岗之后他发现每天顾客的咨询量非常大，在自己业务不熟悉的情况下疲于应对，下班后除了睡觉什么都不想做，甚至有一天在工作岗位上哭了起来。小张的组长在检查小张和顾客的对话时发现以下问题：①不能通过客户咨询内容很好地抓住客户需要处理的问题点；②存在错误承诺现象；③在咨询量大的时候，小张容易张冠李戴回复顾客其他答案。经过组长的单独辅导培训和经验传授，一个星期后小张的工作状态明显得到了改变，能够从容地工作，甚至享受这份工作了。

💬 问题

（1）小张面对的压力来自哪些方面？

（2）你认为小张的组长从哪几方面对其进行了辅导，具体改善措施可能有哪些？

二、跨境电商客服人员应具备的基本技能

　　跨境电商客服人员应具备文字表达、熟悉规则制度、中差评处理等基本能力，具体如下：

1. 英文或其他国家语言表达能力

　　英文表达能力是跨境电商客服人员应该具备的最基本的能力，也是重要的能力之一。客服人员要用相应国家的语言对商品描述、功能属性、客户关怀、物流相关信息等表达清楚准确。

2. 熟悉规则制度

　　作为客服人员，要非常清楚店铺和平台相关规则，这样在处理问题的时候才会思路清晰，否则很容易中恶意买家设下的埋伏。要学会引导买家说出对我们有利的话语，特别是对于一些想利用中差评来捞取好处的买家，要想办法在聊天记录中引出他的原

话。例如：您是说不退货要我直接退款给您吗？您是说如果我退款给您，您就不给店铺中差评吗？等等，以此作为证据。

3. 中差评处理

对于中差评的处理，只要我们有耐心和诚意，大部分都是可以解决的。

4. 适应变化

作为一位合格的客服人员，除了要真实客观地回答问题外，还需要灵活应对各种类型的客户，做到思路清晰。在长期与买家的对话中，可以不断积累与各种各样买家打交道的经验，在实际工作中灵活运用。

5. 终生学习

跨境电子商务行业发展很快，跨境电子商务技术、模式、观念等日益变化，所以作为客服人员，要保持终生学习的心态，不断更新自己的知识。

三、了解企业组织结构

新员工在岗前培训时，需要了解公司的组织结构、部门和岗位设置。图 2-1 所示是某跨境电商企业组织架构图，表 2-2 是某跨境电商企业业务类部门的职责及岗位设置。

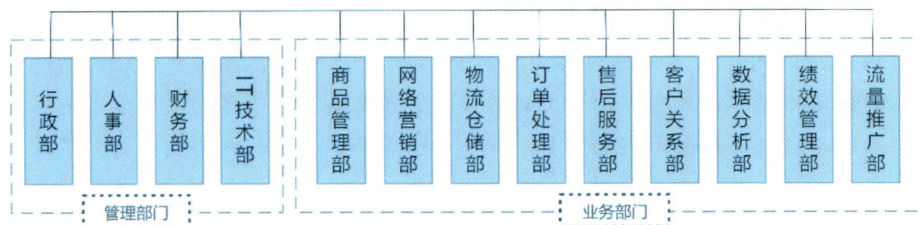

图 2-1　某跨境电商企业组织架构图

表 2-2　某跨境电商企业业务类部门的职责及岗位设置

部门名称	岗位设置	部门职能
商品管理部	产品编辑	负责产品搜索诊断、图片热点链接、标题优化、产品图片拍摄和处理、产品描述编辑、产品上架等
网络营销部	零售主管、分销主管	承担网上零售工作，负责销售商品、售前客户咨询等
物流仓储部	物流主管	负责管理仓库，包括进货、打包发货、进销存管理等
订单处理部	配货员、打包员、复核员	负责打印发货清单、快递单，安排发货，监督运输等
售后服务部	打单员、售后客服	负责接待售后客户，处理纠纷、退换货、评价处理、客户答疑等
客户关系部	客户关怀	进行短信营销，负责老客户关系维护及新客户开发，如客户数据库建立、数据分析、决策支持
数据分析部	数据分析员	查看每日订单数据，分析产品销售走势，进行销售统计
绩效管理部	人力资源专员	核算企业人员薪酬，根据业务目标协调薪酬计划，帮助企业管控劳动力成本，提升经营效率
流量推广部	营销专员	负责品牌宣传推广，优化网店排名，网店运营，网店促销等

🖊 知识链接

近年来，人工智能客服的应用越来越广泛，人工智能在客户服务流程的应用主要体现在以下几个方面。

一、基于场景的人工智能客服

当我们接触到多种人工智能技术时，首先要考虑将它们应用到什么场景中。例如，同样是驱散鸟群，使用稻草人还是驱鸟声波，哪个更好？大多数人会回答当然是驱鸟声波优秀，稻草人是低端的。那么，麦田中的农民伯伯会选哪个？肯定是优选稻草人，因为驱鸟声波成本太高。如果在机场呢？肯定是驱鸟声波了，立个稻草人肯定不行。那么驱鸟声波和稻草人哪个好？这需要根据场景来选择。

同理，人工智能技术哪家强？用在适合的客服场景中最强。将用户对于客户服务的诉求抽样出来，大概有 5 种，按照服务难易程度排列如下：查询、咨询、报障、办理、投诉。查询服务最容易用人工智能技术来解决，咨询、报障、办理可以用人工智能 + 人工服务共同来解决，投诉最好是用人工服务来解决。这样看问题，思路清晰，着力点明确。

人工智能算法很多，目前比较成熟的有语音识别、自然语言理解、图像识别、知识图谱、虚拟人、声纹识别，等等。当使用它们赋能客户服务场景时，我们还要考虑云资源、CPU 存储的处理能力、网络带宽限制、与传统 IT 系统的配合、软件并发量和稳定性等。由于客户服务领域普遍存在硬件环境欠缺的问题，曾经有非常优秀的创业公司提出很先进的算法，但是现有硬件环境无法配合算法的运转，或并发量达不到客户服务要求。

以上说明，关注最终客户的服务感知，考虑自身的条件，选择合适的技术，在合适的场景提供人工智能客服，效果最优，价值最高。

二、智能洞察、智能交互、智能流程贯穿于客户服务全流程

人工智能客服绝不是单纯的人与机器人交互那么简单，也不是引入一家"看上去很美"的成熟产品就能解决所有问题，它是将数据、算法、IT 平台、运营、人才融合一体的综合解决方案，并将它们应用于客户服务全流程，如图 2-2 所示。

图 2-2　人工智能客服的能力

（一）智能洞察

智能洞察分为识别客户、洞察行为、判断需求三部分，关键点是要将 IT 系统中客户数据加以整理，并打标签，如客户属性（性别、年龄等）、消费属性（金额、产品类型等）、服务属性（频繁投诉客户、在途工单客户等）、服务偏好（能够接受微信、短信、电话等服务方式）。

（二）智能交互

智能交互分为人机交互和人人交互两种。人机交互体现在使用智能语音导航、在线客服机器人、短信机器人等，让人工智能客服与客户进行直接交互，涉及语音识别、自然语言理解、图像识别等多种技术。精准度高的人机对话的背后不只是优秀算法、数据标注，场景训练及体验改进也很重要。

（三）智能流程

智能流程分为数据支撑、协同支撑、管理支撑。简而言之，智能流程是将传统 IT 系统封装成为能够直接面向客户提供服务的服务流程。数据支撑将客户查询的账户信息封装成为查询服务流程；协同支撑将后台知识库、障碍处理等传统 IT 能力封装成为客户、人工座席可以使用的能力；管理支撑是客户服务中心内部管理能力，如利用文本分析与挖掘技术进行话务质检，以及人工座席的排班、自学习、绩效管理等。

利用人工智能赋能客户服务中心的技术、管理方法已在电信运营商、银行、保险公司以及跨境电商领域得到普遍的利用。

随着 VOLET 的推出，通信网从以往的语音通路升级为数据通路。5G 的推出，将移动网升级为大速率、低时延的移动网络；云网融合、边缘计算等技术的推出，将客户数据、使用行为从"端"逐渐集约到"云"，网络集中度将越来越高。那么，未来基于新技术的客户服务中心将演变成什么呢？有观点认为，客户服务中心将呈现越来越集约的态势，人工智能、自动化流程将越来越多地替代人工服务座席。人工座席的普遍服务特性将在未来 5 至 10 年慢慢消解，仅保留少量人工服务座席用于紧急服务，以及为特性服务对象提供服务。客户服务中心将转变成全智能、全自动中心，同时转变成为收集、挖掘用户需求的中心。

任务三　跨境电商客服沟通技巧

一、业务知识

业务知识指的是跨境电商客服在工作中回复客户问题时用到的基本专业知识，主要包括产品知识、店铺规则、跨境电子商务平台规则、系统应用等，是客服岗位岗前培训的重点内容之一。业务知识掌握的熟练度直接关系到工作质量和效率。

1. 产品知识

产品知识是指店铺中销售的所有商品的功能、用途、参数、特点等。根据商品种类的不同，需要侧重了解的产品知识不同。

产品知识广泛应用于售前和售后服务，售前服务主要体现在客户在购买商品之前指导客户对功能、颜色、价格等方面进行选择，如衣服的款式和大小。售后服务主要体现在安装和使用方面，对于空调、电视机等需要安装调试的家电，客户一般会咨询安装事宜；对于 3C 类商品，客户一般会咨询使用方法，如路由器如何安装、手机如何激活等。

2. 店铺规则

店铺规则是指客服所在店铺的销售和售后服务标准，包括话术、操作流程、物流快递、优惠券使用、满减优惠等。使用话术可以让客服准确全面地回复客户的问题，但是频繁使用话术容易影响到客户的情绪。

📖 情景案例

客服的回答

客户：请问如果我购买了，使用什么快递寄送？

客服：您好，本店默认的快递为 DHL，如果收货不方便可以备注或联系客服人员使用 UPS、EMS 等为您寄送。

客户：可以指定 EMS 快递吗？

客服：您好，本店默认的快递为 DHL，如果收货不方便可以备注或联系客服人员使用 UPS、EMS 等为您寄送。

🔍 分析

此时的客户心情可想而知。客服应根据店铺规则回答客户的问题，用同一个话术回复，会给人造成客服不想回复此问题的感觉。

操作流程是指当客服遇到客户的某种问题时的处理流程。例如，客户购买完商品要求修改地址，如果店铺没有这项服务，可以建议客户重新购买然后把之前的商品退货；如果店铺有修改地址的服务，客服应先核实修改前后的地址是否符合店铺修改地址的规定，判断是否可以修改，如果跳过判断流程则会导致承诺错误的现象。

物流涉及运送时效，是客户十分关心的问题。物流类知识较为简单，变化性小，问题主要是询问快递品牌和是否包邮。每个店铺或平台选择的快递服务商不同，包邮分为全部包邮、满 ×× 元包邮或某些地区包邮等。大件商品还会涉及是否配送上门的问题。

优惠券和满减优惠等属于店铺或平台促销活动，除此之外，还有赠品、返现、晒单抽奖等活动，此类业务知识具有多变性和时效性。这类活动一般是有时间限制的，优惠券的使用有时具有品类限制，需要客服人员留意活动变化，充分了解活动规则。

3. 跨境电子商务平台规则

跨境电商平台规则是店铺在平台运营时必须遵守的制度标准。不同的跨境电商平台在商品售前和售后的规则不同。以速卖通为例，它的部分规则体系如图 2-3 所示。

重要规则请了解

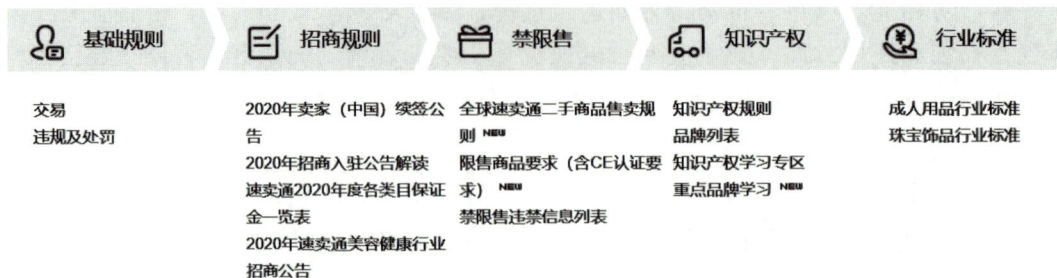

基础规则	招商规则	禁限售	知识产权	行业标准
交易 违规及处罚	2020年卖家（中国）续签公告 2020年招商入驻公告解读 速卖通2020年度各类目保证金一览表 2020年速卖通美容健康行业招商公告	全球速卖通二手商品售卖规则 NEW 限售商品要求（含CE认证要求）NEW 禁限售违禁信息列表	知识产权规则 品牌列表 知识产权学习专区 重点品牌学习 NEW	成人用品行业标准 珠宝饰品行业标准

图 2-3　全球速卖通规则官网指引图

4. 系统应用

系统应用是指跨境电商客服在工作中涉及的相关系统的使用，包括聊天系统、平台操作系统、知识库。系统使用操作培训也是岗前培训的重要内容。

（1）聊天系统。

聊天系统是指客服和客户沟通对话使用的系统，不同跨境电商平台使用的聊天系统不同，但一般都有快捷或常用话术、表情包、客户昵称、客户等待时间、最近服务客户等，便于与客户沟通。同时，聊天系统具有简单统计功能，可以统计在对话中产生的接待量、响应时长、小组平均水平等信息。

（2）后台操作系统。

后台操作系统多用于售后岗位，功能主要为查询、修改、下工单。查询是指查询订单信息、物流进度及时效、送货和安装安排等；修改是指修改配送时间、收件人信息或地址等；下工单是指超出一线客服人员权限的疑难问题，客服人员通过下工单的方式交给后台处理，后台客服根据具体问题和情况联系客户解决。

（3）知识库。

知识库具有完整的知识内容，包括产品知识、店铺规则、平台规则等，是客服人员在工作过程中不可缺少的"万能词典"。知识库具有搜索功能，在工作中遇到疑问可以搜索关键词，得到相关的知识。

客服人员在入职前期系统操作不流畅属于正常现象，随着工作时间的增长就可以得心应手了。

二、掌握消费者心理特点

（一）跨境客服人员需了解用户的性格特征

1. 友善型客户

特质：性格随和，对自己以外的人和事没有过高的要求，具备理解、宽容、真诚、信任等美德，通常是企业的忠诚客户。

策略：提供最好的服务，不因为对方的宽容和理解而放松对自己的要求。

2. 独断型客户

特质：异常自信，有很强的决断力，感情强烈，不善于理解别人；对自己的任何付出一定要求回报；不能容忍欺骗、怀疑、慢待、不尊重等行为；对自己的想法和要求一定需要被认可，不容易接受意见和建议。通常是投诉较多的客户。

策略：小心应对，尽可能满足其要求，让其有被尊重的感觉。

3. 分析型客户

特质：情感细腻，容易被伤害，有很强的逻辑思维能力；懂道理，也讲道理；对公正的处理和合理的解释可以接受，但不愿意接受任何不公正的待遇；善于运用法律手段保护自己，但从不轻易威胁对方。

策略：真诚对待，给出合理解释，争取对方的理解。

4. 自我型客户

特质：以自我为中心，缺乏同情心，从来不习惯站在他人的立场上考虑问题；绝对不能容忍自己的利益受到任何伤害；有较强的报复心理；性格敏感多疑；时常"以小人之心度君子之腹"。

策略：学会控制自己的情绪，以礼相待，对自己的过失真诚道歉。

（二）客服人员需要了解消费者的购买行为

1. 交际型

有的客户很喜欢聊天，先和卖家聊很久，聊得愉快了就到店里购买商品，成交了也成了朋友，至少很熟悉了。

对于这种类型的客户，我们要热情如火，并把工作的重点放在这种客户身上。

2. 购买型

有的顾客直接买下你的商品，很快付款，收到商品后也不和你联系，直接给你好评，对你的热情很冷淡。

对于这种类型的客户，不要浪费太多的精力，如果执着地和他（她）保持联系，他（她）可能会认为是一种骚扰。

3. 礼貌型

本来因为一件拍卖的东西和客服发生了联系，如果客服热情如火，在聊天过程中运用恰当的技巧，她会直接到你的店里再购买一些商品，售后做得好，他（她）或许因为不好意思，还会到你的店里来的。

对于这种客户，我们尽量要做到热情，能多热情就做到多热情。

4. 讲价型

讲了还讲，永不知足。

对于这种客户，要咬紧牙关，坚持始终如一，保持微笑。

5. 拍下不买型

对于这种类型的客户，可以投诉、警告，也可以权当什么都没发生，因各自性格决定其所采取的方式，不能说哪个好、哪个不好。

（三）跨境客服人员需要了解网店购物者常规类型

1. 初次上网购物者

这类购物者在试着领会跨境电子商务的概念，他们的体验可能会从在网上购买小宗的安全种类的物品开始。

2. 勉强购物者

这类购物者对安全和隐私问题感到紧张，因为有恐惧感，他们在开始时只想通过网站做购物研究，而非有购买需求。

对这类购物者，只有明确说明安全和隐私保护政策才能够使其消除疑虑，轻松面对网上购物。

3. 便宜货购物者

这类购物者广泛使用购物比较工具。这类购物者不玩什么品牌忠诚，只要最低的价格。

网站上提供的廉价出售商品，对这类购物者最具吸引力。

4. "手术"购物者

这类购物者在上网前已经很清楚自己需要什么，并且只购买他们想要的东西。他们的特点是知道自己做购买决定的标准，然后寻找符合这些标准的信息，当他们很自信地找到了正好合适的产品时就开始购买。

快速告知其他购物者的体验和对有丰富知识的操作者提供实时客户服务，会吸引这类购物者。

5. 狂热购物者

这类购物者把购物当作一种消遣。他们购物频率高，也最富于冒险精神。对这类购物者，迎合其好玩的性格十分重要。

为了增强娱乐性，网站应为他们多提供观看产品的工具、个性化的产品建议，以及像电子公告板和客户意见反馈页之类的社区服务。

6. 动力购物者

这类购物者因需求而购物，而不是把购物当作消遣。他们有自己的一套高超的购物策略来找到所需要的东西，不愿意把时间浪费在东走西逛上。

优秀的导航工具和丰富的产品信息能够吸引此类购物者。

（四）客服人员需要了解买家的购物心理

客服人员必须弄清楚买家的心理，知道他（她）在想什么，然后才能根据情况进行有针对性的有效沟通，进而加以引导，因此洞悉买家的购物心理极其重要。

1. 买家常见的五种担心心理

（1）卖家信用是否可靠？

策略：对于这一担心，我们可以用交易记录等来对其进行说服。

（2）价格低是不是产品有问题？

策略：针对这一担心，我们要给买家说明价格的由来，为什么会低，低并非质量有问题。

（3）同类商品那么多，到底该选哪一个？

策略：可尽量以地域优势（如：物流快）、服务优势说服买家。

（4）交易安全情况如何？

策略：详细介绍安全交易的说明来打消买家的顾虑。

（5）收不到货怎么办？货物与实际不符怎么办？货物损坏怎么办？退货邮费怎么办？

策略：可以以售后服务、消费者保障服务等进行保证，给足买家信心。

2. 买家网上消费心理分析及应采取的相应策略

（1）求实心理。

策略：在商品描述中要突出产品实惠、耐用等字眼。

（2）求新心理。

策略：只要稍加劝诱，突出"时髦""奇特"之类字眼，并在图片处理时尽量醒目。

（3）求美心理。

策略：卖化妆品、服装的卖家，要注意文字描述中写明"包装""造型"等。

（4）求廉心理。

对于"少花钱多办事"的顾客，其核心心理动机是"廉价"和"实用"。

策略：只要价格低廉就行。

（5）偏好心理。

策略：了解顾客的喜好，在产品文字描述之中可以加一些"值得收藏"之类的字语。

（6）猎奇心理。

策略：对于这类顾客，只需要强调商品的新奇独特性，并赞美他们"有远见""识货"。

（7）从众心理。

策略：可以根据这种心理进行文字描述，再加上价格的优势，很容易聚拢人气，顾客就会源源不断。

（8）隐秘性心理。

有顾客不愿让别人知道自己购买的东西。

策略：我们可以强调隐秘性。

（9）疑虑心理。

策略：和顾客强调说明货物确实存在，产品的质量经得起考验。

（10）安全心理。

买家担心像食品、卫生用品、电器等的安全性。

策略：给以解说，并且用上"安全""环保"等字眼，效果往往比较好。

三、基本常识

客服岗位因为服务客户众多，客户的问题又多种多样，不同类目店铺的客服使用到的常识往往不同，全品类平台对客服的基本要求会更高。

常识类的业务技能不作为客服人员的筛选或考核的重要指标，但是往往会影响到客服的服务质量。例如，客户咨询物流时效，客服告知十天可以到达，客户表示收件城市会有大雪是否会影响时效，客服说不会影响。大雪天气影响交通属于常识，影响交通就会影响物流时效，如此肯定的回答反而会造成客户的疑虑，如果商品在时效内不能到达，客户很有可能投诉。

四、服务态度

客服的服务意识是非常重要的，客服服务态度好，客户就会高兴，购物体验好，还可能带来新客户。如果客服服务意识差，就会影响客户的心情和购买欲望，客户可能就会流失。

✐ 想一想

同一个客户同一个问题，如果由两个不同的客服沟通，可能会有两种不同结果。

示例：

客户：请问这台笔记本打游戏卡吗？ 客服一：请问是哪款呢亲？麻烦您发一下商品链接哦！ 客户：我不会发链接。 客服一：在商品展示界面点击"咨询客服"，然后在对话页面中点击"发送链接"就可以了。 客户：好的，稍等。 客服一：好的亲。	客户：请问这台笔记本打游戏卡吗？ 客服二：请问是哪款呢亲？麻烦您发一下商品链接哦！ 客户：我不会发链接。 客服二：我不是神仙，猜不到您想咨询哪款电脑。

请问如果你是客户，你会如何评价这两位客服呢？

🖉 知识链接

跨境电商企业客服岗位职责及工作流程

我们以某跨境电商企业运营速卖通平台客服为例，谈一谈该企业的客服的岗位职责及工作流程。

一、订单处理

速卖通订单处理流程为：下载订单—待关联产品—有留言中的待发货留言—可合并订单—待审订单—待审订单中按要求分配物流方案—发货中的向物流商下单（为获取跟踪号）—上传订单单号。

第一步：先处理筛选组"俄罗斯【无邮编】"的。全选订单，接着选择右上角菜单栏的"营销"，选择"批量留言"，然后对客户批量发送索求邮编的信息，同时复制对应的订单号于备忘录，等待上传跟踪号后，查询该订单并标记阻止发货，之后需要经常查看客人是否有回复。若客户已回复正确的邮编，需要我们及时进行修改，然后删除阻止发货标记，通知仓库打印并发货。

第二步：处理已合并订单。这里按美元总金额进行降序排列，并且要认真查看买家期望物流，按公司规定分配物流方案，然后审核通过。

第三步：处理有备注、有留言和有站内信三个筛选组。这三个筛选组只需要看备注、留言以及站内信，如果客人有相应的改单或其他要求，按公司规定进行相应修改和回复。

第四步：处理 E 邮宝（1）。该筛选组下全部为买家期望物流为 ePacket 的订单，可以直接全选，然后分配物流为福州线下货代——杭州 E 邮宝，完成后审核通过。

第五步：处理 E 邮宝（2）。该筛选组下全部为速卖通平台美元总金额大于 5 美金的美国和波多黎各订单，若有波多黎各的，需要将国家修改为美国，若没有，可以直接全选，然后分配物流为福州线下货代——杭州 E 邮宝，完成后审核通过。

第六步：处理速卖通"【8 美金】以上"平邮订单。该筛选组下全部为速卖通平台上总金额大于 8 美金且买家期望物流为 China Post Ordinary Small Packet Plus 的订单，可以直接全选，分配物流为福州线下货代——福州中邮挂号，完成后审核通过。

第七步：处理超重（重量预估大于 2000g）和大金额（$50 以上）订单。该筛选组主要是用来核查是否有超重的订单，若有则需要进行订单拆分，拆分完成后将会转至发货模板中的分配物流方案里。这里就需要我们去分配物流方案中选择"方式二"，即自主手动分配物流方案。

第八步：处理中国邮政挂号。该筛选组下都是买家期望物流为 China Post Registered Air Mail 和 China Post Air Mail 的订单，可以直接全选，然后分配物流为福州线下货代——福州中邮挂号，完成后审核通过。

第九步：处理邮政平常小包 +。该筛选组下全部都是买家期望物流为 China Post Ordinary Small Packet Plus 的订单，可以直接全选，然后分配物流为速卖通线上发货——中国邮政平常小包，完成后审核通过。

第十步：处理 eBay 订单。若订单的买家期望物流为 Other International，则物流分配为福州线下货代——福州中邮挂号；若订单的国家为波多黎各，则需将国家改为美国，省份改为波多黎各，然后分配物流为 eBay 亚太物流——国际 E 邮宝；若订单国家为美国，则已经分配好物流，若没有分配好，则分配物流为 eBay 亚太物流——国际 E 邮宝。完成后审核通过。

第十一步：处理 Wish 邮订单，有三个分类：Wish 邮平邮、Wish 邮挂号、Wish 邮 –E 邮宝。先处理 Wish 邮平邮，该筛选组下为美元总金额小于 4 美金的订单，可以全选，然后分配物流为 Wish 邮 –Wish 邮平邮，完成后审核通过；然后处理 Wish 邮挂号，直接全选，若已分配好物流，审核通过，若没有则分配物流为 Wish 邮 –Wish 邮平邮；最后处理 Wish 邮 –E 邮宝，若订单的国家为波多黎各，则需改国家为美国，改省份为波多黎各，然后分配物流为 Wish 邮 –E 邮宝；若订单国家为美国，则已经分配好物流，若没有分配好，则分配物流为 Wish 邮 –E 邮宝，完成后审核通过。

第十二步：处理待发货的订单，经过前面各个步骤的处理，剩下的待发货订单一般为混合物流的订单或者是四大快递或 EMS 的订单，按公司要求或者负责人要求分配物流方案，然后审核通过。

第十三步：处理线下订单，该筛选组一般都是重发、漏发、补发的订单，只要按要求分配物流审核通过，届时按要求去获取单号即可。

二、客户沟通

在速卖通的客户沟通中，沟通平台主要分为 ERP 和店铺后台两部分。

1.ERP

ERP 中主要包含两个部分，待审订单和财务中的纠纷、退款统计，其中待审订单包括有留言和有站内信两个板块，其中有留言包含 5 个部分：未付款；待发货，风控；已发货；有纠纷；已结束。

（1）状态。

ERP 中的状态有待审核、缺货、库存配齐、待交运、已交运、阻止发货、取消等。

缺货：产品没有库存，需要采购员及时采货，若发现超过 5 天以上还是缺货的，可以联系采购员确认是否已采购。

库存配齐：该状态表示产品有库存，只需等待仓库打印单据和扫描出库，所以经常与打印状态以及是否出库一起核实订单状态。

ERP 中平台后台的状态有待付款、申请取消、待发货、部分发货、待收货、含纠纷、已结束、风控中、资金处理中等。

（2）时间点。

ERP 中的时间点：付款时间、打印时间、发货时间、出库时间、扫描时间。

平台后台时间点：付款时间、物流第一条上网时间、提起纠纷时间。

2.店铺后台

店铺后台中包含两个方面：每日服务分和有纠纷的订单。

买家提起退货／退款申请后，需要卖家的确认，卖家可以在纠纷列表页面中看到所有的纠纷订单。快速筛选区域会展示关键纠纷状态："纠纷处理中""买家已提交纠纷，等待您确认""平台介入处理"。

买家提交纠纷后，纠纷客服会在 7 天内（包含第 7 天）介入处理。平台会参看案件情况以及双方协商阶段提供的证明给出方案。买卖家在纠纷详情页面可以看到买家、卖家、平台三方的方案。

三、包裹状态

1.查询不到

包裹查询不到跟踪信息，一般为以下情况：

（1）运输商还未接收到您的包裹。

（2）运输商还未对您的包裹进行跟踪信息的录入。

（3）所提交的单号错误或者无效。

（4）所提交的单号已经过期。

2.运输途中

包裹正在运输途中，一般为以下情况：

（1）包裹已经交给了运输商。

（2）包裹已经封发或离港。

（3）包裹已经到达目的国家，正经海关检验。

（4）包裹正在目的国家进行国内转运。

3. 到达待取

包裹已经可以收取，一般为以下情况：

（1）包裹已经到达目的地的投递点。

（2）包裹正在投递过程中。

4. 投递失败

包裹尝试派送但未能成功交付，一般为以下情况：

（1）派送时收件人不在家。

（2）投递延误重新安排派送。

（3）收件人要求延迟派送。

（4）地址不详无法派送。

（5）收件地址是不提供派送服务的农村及偏远地区等。

5. 成功签收

一般这种状态客人是肯定收到货了，只有产品有问题的才会找卖家。

6. 可能异常

包裹运输途中可能出现异常，一般为以下情况：

（1）包裹可能被退回，常见退件原因是：收件人地址错误或不详、收件人拒收、包裹无人认领超过保留期等。

（2）包裹可能被海关扣留，常见扣关原因是：包含敏感违禁、限制进出口的物品，未缴税款等。

（3）包裹可能在运输途中遭受损坏、丢失、延误投递等特殊情况。

7. 运输过久

包裹已经运输了很长时间而仍未投递成功，一般为以下情况：

（1）运输商在到达某个运输阶段后，不再进行跟踪信息的录入。

（2）运输商遗漏了跟踪信息的录入。

（3）包裹在运输中可能丢失或者延误。

四、常见纠纷问题

1. 订单付款已经过去半个月，买家未提交纠纷下询问产品的物流状态

该情况下我们需要查询我们的产品是否已经发货，若未发货，需要及时联系并催促仓库发货，同时安抚客人，主动为其延长交货时间。

2. 订单付款过去一个月，买家提交纠纷下询问产品的物流状态（产品已发货的情况下）

该情况下要在第一时间联系客人关闭纠纷，与客人交代我们是通过平台的物流为他们发送包裹，包裹是肯定会收到的，让其放心，让其耐心等待一段时间。

3. 客人收到货，发现漏发，或者发现产品损坏提交纠纷让我们退款

该情况下也是第一时间联系客人关闭纠纷，并诚恳向客人道歉，同时让客人放一百个心，我们可以通过补发、重发或者折扣的形式补偿他的损失，希望客人相信我们，关闭纠纷。

4. 客人收到货，提交纠纷，说产品与描述不符

该情况下需要与运营人员核实是否真的是我们的描述不符，如是我们的错，需要诚恳地致歉，通过重发、折扣等形式解决问题，希望客人原谅我们并关闭纠纷，同时不忘提醒运营那边修改描述。

五、客户回复模板

1. 提前联系客户是否收到货

Dear friend,

We'd like you to know that your order may arrive a bit late. Please let us know if you have already received this order.

2. 缺货

Dear friend,

Apologies for any confusion. We can refund for this item because we were out of stock in the item you ordered. We are sorry we were not able to fulfill your order at this time. So hope you can cancel it or wait for 3—7 days, and please don't forget to tell us what you choose.

Thank you.

3. 建议延长 15 天时间

Dear friend,

Sorry for this confusion. This item is shipping from overseas and does not have any tracking information. Shipping time depends on the post office, so please allow up to 15 business days from the ship date of your order for it to arrive.

Thank you.

4. 订单已送达

Dear friend,

Apologies for any delay. It looks like your order was delivered：（附上已交运的物流链接）

And please contact your local postal service with your tracking ID if you need help locating your order.

5. 延迟配送致歉

Dear friend,

We're sorry that it looks like your order is going to be a little late. Sometimes shipping doesn't go exactly as planned, but this order should arrive within the next 15 days. If for some reason it doesn't arrive within 15 days, please let us know so that we can make this right for you.

6. 询问物流追踪信息

Dear friend,

Sorry for this confusion. This item is shipping from overseas, and you can track your package here:（附上物流查询链接）

Shipping time may vary, so please allow up to 60 business days from your order date for your order to arrive.

7. 已发货，买家想取消产品

Dear friend,

Unfortunately your product has already shipped and we are unable to cancel the order at this time. We kindly request you to wait until receiving the item, and contact us if you have any question.

Have a nice day!

8. 买家提交纠纷

Dear friend,

We are so sorry to see that you open dispute on the AliExpress order. And we have extend the delivery date for you. So please don't worry about your order or money, we are best seller in AliExpress.

Close this dispute, OK?

And please trust us, we will refund money to you or resend it again if you have problem of this order , so you can peace of mind to close this dispute, all right?

Thanks, best regards!

9. 询问产品是否已经发出，查询后可回复

Yes, we have check the item, it have already on the road.

And tell us if you have any question, have a nice day!

10. 要求延长时间，延长后可回复

If for some reason it doesn't arrive within × days, please let us know so that we can make this right for you.

任务四　商务英语函电内容及写作

商务英语函电
内容及写作

客户服务中涉及的英语函电通常也可以依据客服的工作流程分为售前、售中、售后几个部分。

一、售前服务中的英语函电

售前服务具体表现在促成交易、提供信息。售前服务环节涉及的英语函电主要内容有提供信息、市场调查预测、产品定制、加工整理、提供咨询、接受电话订货和邮购、提供多种方便和财务服务等方面。

促成交易表现为以下几方面：客户询价后，因库存不多，催促其下单；客户下单后，没有及时付款，需提醒买家尽快付款；采取多渠道引导客户下单，如对于回复不够及时，表示歉意。同时通过主动打折，给予订单截止日期的方式赢取客户。

对于交易过程中的疑问，要深入了解并及时告知客户，如海关税 (customs tax)。如遇折扣、断货的情况，及时告知客户。

Sample 1：

询价后，催促下单，表示库存不多。

Dear ×,

Thank you for your inquiry.

Yes, we have this item in stock. How many do you want? Right now, we only have × of the × left（告知库存）. Since they are very popular, the product has a high risk of selling out soon. Please place your order as soon as possible. Thank you!

Best regards,

(Your name)

要点：强调货物受欢迎，不能保证库存满足其需求。

Sample 2：

因为周末导致回复不够及时，表示歉意。

Dear ×,

I am sorry for the delayed response due to the weekend. Yes, we have this item in stock. Please let me know if you have any further questions. Thanks.

Best regards,

(Your name)

因为错过了最佳24小时回复时间所以可通过主动打折，给予订单截止日期的方式赢取客户。

And to show our apology for our delayed response, we will offer you 10% off. Please place your order before Friday to enjoy this discount. Thank you!

要点：态度要诚恳，必要时给客户优惠以挽回客户。

Sample 3：

提醒买家尽快付款。

Dear ×,

We appreciated your purchase from us. However, we noticed that you haven't made the payment yet. This is a friendly reminder to you to complete the payment transaction as soon as possible. Instant payments are very important; the earlier you pay, the sooner you will get the item.

If you have any problems making the payment, or if you don't want to go through with the order, please let us know. We can help you to resolve the payment problems or cancel the order.

Thanks again! Looking forward to hearing from you soon.

Best regards,

(Your name)

Dear ×,

We appreciate your order from us. You have chosen one of the best-selling products in our store. It's very popular for its good quality and competitive price. Right now, we only have × of the × left. We would like to inform you that this product has a high risk of selling out soon.

We noticed that you hadn't finished the payment process for the order. We'd like to offer you a 10% discount on your order, if you purchase now, to ensure that the product doesn't sell out. We will ship your order within 24 hours once your payment is confirmed. If you need any help or have any questions, please let us know.

Best regards,

(Your name)

要点：强调货物受欢迎，若…未能及时付款无法保证及时发货。

Sample 4：

断货 (out of stock)。

Dear ×,

We are sorry to inform you that this item is out of stock at the moment. We will contact the factory to see when they will be available again. Also, we would like to recommend to you some other items which are of the same style. We hope you like them as well. You can click on the following link to check them out.

http://www.aliexpress ….

Please let me know for any further questions. Thanks.

Best regards,

(Your name)

要点：推荐类似的货物给客户。

Sample 5：

折扣（discount）。

Dear ×,

Thanks for your message.

The price we offer is lower than the market price. And as you know, as the shipping cost is really high, our profit margin for this product is very limited. However, we can offer you a ×% discount if you purchase more than ×× pieces in one order.

要点：强调利润不高，只能在量多的情况下打折。

Sample 6：

海关税 (customs tax)。

Dear ×,

Thank you for your inquiry and I am happy to contact you.

I understand that you are worried about any possible extra cost for this item. As to specific rates, please consult your local customs office.

Based on the past experience, import taxes fall into two situations: First, in most countries, it did not involve any extra expense on the buyer side for similar small or low-cost items. Second, in some individual cases, buyers might need to pay some import taxes or customs charges even when their purchase is small.

I appreciate for your understanding!

Sincerely,

(Your name)

要点：让客户有心理准备有可能会征收海关税。

Sample 7：

假日是推销产品的绝佳时机，因此商家往往充分把握好节假日商机，对节假日进行营销计划，采取假日优惠。

我们来看一篇产品假日推荐信函。

Dear sir,

As Christmas/New year/… is coming, we found ××× (产品名)has a large potential market. Many customers are buying them for resale on eBay or in their retail stores because of its high profit margin. We have a large stock. Please click the following link to check them out. If you order more than 10 pieces in one order, you can enjoy a wholesale price of USD3000. Thanks!

Regards,

(Your name)

要点：及时推荐折扣和促销商品。

二、售中服务中的英语函电

售中是指从买家下单到买家签收货物的这个阶段，售中沟通与服务是体现卖家服务质量的重要环节，在跨境交易中，常常需要通过邮件进行沟通。

（一）收到订单后催促付款

有些买家下了订单以后，却迟迟不付款，如果不及时跟进，将会导致订单过期或取消。因此，在买家下单未付款时，作为卖家应及时通过站内信或邮件跟客户联系，以保证订单不流失。

1. 提醒买家付款（通用）

一般情况下，客户下单后没有及时付款，可以提醒客户若有产品的价格、尺寸等相关问题，可以及时告知，还可以提醒客户付款后会尽快发货。

Sample 8：

> Dear customer,
>
> We have got your order of ×××. But it seems that the order is still unpaid. If there's anything I can help with the price, size, etc., please feel free to contact me.
>
> Once the payment is confirmed, I will process the order and ship it out as soon as possible.
>
> Thanks!
>
> Best regards,
>
> (Your name)

2. 针对无等级买家，客户可能不会付款

此模板用于客户是新手，可能不太熟悉付款流程，此时应该向客户介绍具体的付款流程，同时告知客户如果还有疑问可尽快联系。

Sample 9：

> Dear customer,
>
> We appreciated your purchase from us. But we noticed that you have no payment yet. You may not know how to pay.
>
> This is a detailed payment process links: ××××.
>
> If you have any questions about payment, or any other reason that you don't want to go to complete the order, please let us know.
>
> We can help you solve the question of payment or make any changes to the order.
>
> Thanks again! We are all looking forward to get your answer as soon as possible.
>
> Best regards,
>
> (Your name)

（二）客户下单后未付款的处理

1. 针对客户下单后半天未付款的情况

客户拍下产品半天内还没有付款，有可能还处于对产品的犹豫期。此时应该用 1 ~ 2 句话概括产品的特点，以强化客户对产品的信心。如：可以说明产品 high quality with competitive price，也可以说产品 popular，同时可以提示 Instant payment。但注意不要过分强调，以免客户反感。

Sample 10：

> Dear customer,
>
> Thanks for your order.
>
> The item you selected is a one with high quality / a most fashion / most popular one

with competitive price. You would like it.

Since they are very popular, the product may sell out soon. Instant payment can ensure earlier arrangement to avoid short of stock.

Thank you and awaiting your payment.

Best regards,

(Your name)

2. 针对客户下单后 2 天未付款的情况

若客户下单后 2 天内还未付款，且之前发送的邮件也没有回复，则有可能是客户觉得价格高了或者找到了更便宜的卖家。此时可以告知客户产品利润很薄，但是愿意给予一定的折扣以促成交易。

Sample 11：

Dear friend,

We found you haven't paid for the order you placed several days ago. The payment process has already been sent to you and I think you have already known how to pay.

Our profit margin for this product is very limited. But if you think the price is too high, we can give you a discount of 3%. Hope you are happy with it and you are welcome to contact me if there's anything else I can help with.

Best regards,

(Your name)

（三）提醒客户库存不多

1. 提醒客户库存不多，请尽快付款

如果在活动期间订单量较大，未避免断货导致客户不能购买到其想要的商品，可以提醒客户库存不多，请尽快付款，否则有可能断货。

Sample 12：

Dear friend,

Thank you for your inquiry.

You have chosen one of the best-selling products in our store. It is very popular for its good quality and competitive price. We have only × of × left now. We would like to inform you that this product may be sold out soon.

We noticed that you hadn't finished the payment process for the order. To ensure that the product won't be sold out, we will ship your order within 24 hours once your payment is confirmed. If you need any help or have any questions, please let us know.

Best regards,

(Your name)

2. 提醒折扣 / 活动快要结束

如果活动快要结束，买家下订单后迟迟没有付款，卖家还可以提醒买家早日付款以免错过折扣 / 活动。

Sample 13：

Dear friend,

Thank you for the message. Please note that there are only 3 days left to get 10% off by making payments with Escow (credit card, Visa, MasterCard, money bookers or Western Union). Please make the payment as soon as possible. I will also send you an additional gift to show our appreciation.

Please let me know for any further questions. Thanks.

Best regards,

(Your name)

（四）由于回复不及时错过客户的咨询

周末或者节假日有可能导致回复不够及时，可以先表示歉意，因为错过了最佳的 24 小时回复时间，所以卖家也可以通过主动打折的方式来赢取客户。

Sample 14：

Dear friend,

I am sorry for the delayed response due to the weekend(or holiday). We do have this item in stock. And to show our apology for the delayed response, we will offer you 10% off. Please make the payment before Friday to enjoy this discount. Thank you.

Please let me know if you have any further questions.

Best regards,

(Your name)

> 注：若客户下单后 2 天还没有付款，且发送的 2 封邮件也没有回复，则可以放弃该客户。

常用句型：

1. If there's any problem with the price, size, etc., please feel free to contact me.

如果在价格、尺码等方面有任何问题，请尽管联系我。

2. Once the payment is confirmed, I will process the order and ship it out as soon as possible.

一旦确认已付款，我将马上执行订单并尽快发货。

3. Since they are very popular, the product may sell out soon.

由于该货紧俏，随时都有断货的可能。

4. Instant payments are very important; the earlier you pay, the sooner you will get the item.

及早付款很重要，越早付款就越早收到货。

5. We can give you a discount of 3%.

我们可以提供 3% 的折扣。

6. Please note that there are only 3 days left to get 10% off by making payments with Escow (credit card, Visa, MasterCard, money bookers or Western Union).

请注意用 Escow(credit card, Visa, MasterCard, money bookers or Western Union) 支付有九折的优惠活动只剩下 3 天了，请尽快支付。

（五）买方付款后的处理

买方下单后的 24 小时内，速卖通风控部门会对买家的资金做审核，如果发现资金来源有问题，平台会关闭交易。若未通过风控，需要及时与买家沟通；若风控审核无误系统就会让卖家填发货通知，就是物流信息。

1. 买方已付款，但库存无货

可直接向客户推荐类似的产品，并提供相应的链接。如果客户经过考虑后决定取消购买，可以告诉客户取消流程。

Sample 15：

Dear customer,

Thanks for your order. However, the product you selected has been out of stock. Would you consider whether the following similar ones also ok for you:

http://www.aliexpress.com/store/product/×××1.html.

http://www.aliexpress.com/store/product/×××2.html.

If you don't need any other item, please apply for "cancel the order". And please choose the reason of "buyer Ordered wrong Product". In such case, your payment will be returned in 7 business days.

Sorry for the trouble and thanks so much for your understanding.

Best regards,

(Your name)

2. 资金未通过风控

当买家的订单因为未通过风控被关闭后，卖家要跟买家留言，告诉他 / 她可以另下一个新的订单，然后用别的支付方式付款，以求尽量留住客户。

Sample 16：

Dear customer,

I am sorry to tell you that your order has been cancelled because your credit card has not been approved by AliExpress. If you want the item now, we have prepared for you and you can make a new order. Besides, you can pay through Western Union, T/T payment or other ways too.

Also, please contact with the Ali initiatively! Good luck!

Best regards,

(Your name)

3. 资金通过风控，且库存有货

如订单通过风控，卖家要尽快发货，同时跟买家确认地址和电话。此外，为了避免通关可能遇到的麻烦，卖家要先和买家沟通报关单上的货名与货值。这里还需要告诉客户产品的安排，同时对客户说明产品的质量，请客户放心，消除客户的疑虑。

Sample 17：

Dear valuable customer,

Thank you for your order and fast payment.

Your item will be arranged within 24−48 hours to get courier No. and it would take another two days to be online for tracking. By the way,

1. Please confirm your address, post code and phone number is updated without change (Russian customers must give us the receiver's full name).

2. To avoid high import taxes, we usually declare the item name "××" and item value "under USD 50", is it OK?

Any special requirements will be replied within 24 hours. We would check the product quality and try our best to make sure you receive it in a satisfactory condition.

Thanks for your purchase and we will update courier No. to you soon.

Best regards,

(Your name)

4. 通知发货

客户下单付款后都希望能尽快收到货物，但由于卖家发货后填写的发货信息要1～3个工作日才能更新。因此，当买家付款后，卖家最好能在最短的时间内发货。发货后及时填写物流单号，并第一时间联系买家，告知物流运送情况。

Sample 18：

Dear customer,

Thank you for shopping with us.

We have shipped out your order (order ID: ××××××) on June 21st by China Post Air Mail. The tracking number is ××××××.

It will take 20−30 workdays to reach your destination. But please check the tracking information for updated information. Thank you for your patience!

If you have any further questions, please feel free to contact me.

Best regards,

(Your name)

除了告诉客户单号、查询网址以及物流大致所需的时间，还可以提醒客户给我们五星评价及反馈信息。

Sample 19：

Dear customer,

Thanks for your order. The product has been arranged with care.

The tracking number is ××××××. You may trace it on the following website after 2 days:

http://www.××××××.

Kindly be noticed that international shipping would take longer time (7−21 business days for China post, 3−7 business days for EMS). We sincerely hope it can arrive fast. And you can be satisfied with our products and services.

We would appreciate very much if you may leave us five−star appraisal and contact us first for any question, which is very important for us.

We treasure your business very much and look forward to serving you again in the near future.

Best regards,

(Your name)

（六）货运途中可能遇到的情况

货物发出后，有时候物流并不能一帆风顺，会遇到各种各样的问题。这时卖家应主动与买家沟通，避免买家提起纠纷或者留下不好的印象。若货物能够在预计时间内顺利到达，卖家也需要及时告知买家相关货运进展情况。

1. 货物发出后，物流信息未及时更新

买家普遍希望尽快收到购买的物品，在得知快递单号后往往会主动查询物流信息。但如果物流信息几天内都未能及时更新，买方会比较着急。此时可以主动与买家联系，请买家耐心等待。

Sample 20：

Dear customer,

As we all know, it's the busiest part of the shopping season and the logistics companies are running at maximum capacity.

Your delivery information has not been updated yet, but please don't worry. We will let you know as soon as the update is available.

Thank you for your patience!

Best regards,

(Your name)

2. 货物长时间在途

货物长时间在途，且在预期时间内未到达客户所在国家，也容易引起客户的不满。此时也需要主动跟客户联系，希望客户耐心等待。承诺若未能收到货物，会重新补发或者全款退回，增加客户对卖家的信心以继续耐心等待。

Sample 21：

Dear customer,

If you haven't received your order yet, please don't worry. We just checked the tracking information and it's on its way!

Please don't worry about your money or your purchase either. If you do not receive your package, we will resend your order, or you can apply for a full refund.

If you have any questions or problems, contact us directly for help. Thank you for your patience and cooperation.

Best regards,

(Your name)

3. 确认收货超时，依然未妥投

此时客户会严重不满，卖家需要告知买家物流的大致情况，并且告知买家会给他延长收货时间，请买家不要提交纠纷。

Sample 22：

Dear customer,

We have checked the tracking information and found your package is still in transit. This is due to the overwhelming demand for logistics this shopping season.

We have also extended the time period for you to confirm delivery.

If you have any questions or problems, please contact us directly for assistance, rather than submitting a refund request.

We aim to solve all problems as quickly as possible!

Thanks!

Best regards,

(Your name)

4. 货物丢失

在有些情况下，包裹长时间未妥投，也无法查询到物流信息，此时卖家应该主动与客户沟通，告知包裹可能丢失，请客户申请退款或重新下单。若客户愿意重新下单，将给予特别折扣。

Sample 23：

Dear customer,

I am sorry to tell you that we still cannot get the tracking information and I'm afraid the package might be lost by China Post. I suggest that you apply for refund. If you still want to buy these products, you can place the order again and I will offer you special 10% discount.

Thank you for your patient and looking forward to doing business with you again.

Best regards,

(Your name)

5. 更改快递方式

客户下订单后最希望得到的服务就是能够尽快顺利地收到包裹，因此，作为卖家首先要按买家的要求来选择快递公司。如果由于特殊原因需要更换快递公司，卖家须及时与买家沟通，并要把更换后的包裹运单号及时告诉买家。更换快递公司后，还要延迟客户的收货时间，以免后期影响客户顺利收到货物。

若是货运高峰期，货物未能及时发出，可以这样说：

Sample 24：

Dear customer, .

There is a backlog of orders for China Post Air Mail to ship. I don't know when your packet can be shipped. How about changing a logistics company?

If you are agree, I will send your package by e-Packet. And I will let you know the tracking No. as soon as I send your package out.

Best regards,

(Your name)

若是货物被退回需要更换快递，可以这样说：

Sample 25：

Dear customer,

Due to the overwhelming demand for logistics this shopping season, the original dispatch has failed.

We have already dispatched your order with a different logistics company. You can track the new delivery of your order here: ××××××.

Tracking No. is ××××××.

We have also extended the time period for you to confirm delivery.

If you have any questions or problems, contact us directly for help.

Best regards,

(Your name)

> 选择合适的物流：
>
> 不同的国际快递，服务重点也会有所区别。同是 UPS，UPS Worldwide Express 注重速度，而 UPS Worldwide Expedited 则注重安全。
>
> 例如，印度人本身对时间的要求不高，所以他们对是否准时送达的要求也比较低。
>
> 因此需要结合买家的需求、买家所处的国家、地区的人文习惯，选择适合的物流公司和适合的物流方式。最好是与买家沟通，一起确定物流公司和方式。

三、售后服务中的英语函电

提高买家满意度可以给卖家带来额外的交易，能够影响到产品的排序，会影响其他买家的购买行为，因此，买家的满意度对卖家非常重要，卖家在售后服务中要充分运用函电做好与客户的沟通交流。

（一）催促评价之买家收到货之后没有留下评价

有些买家收到货物后不管产品质量好不好一律不给评价，那么卖家可以去委婉地催下买家给评价。有些买家甚至不知道怎么给评价，卖家可以及时和买家沟通，告诉他评价的步骤。收货后可以主动发站内信和邮件去咨询客户所收到的货物是否符合自己的需要和期待，有时候主动催一下客户反而让客户对商户更有信任感，别说好评了，回头率也能提高不少。

Sample 26：

Dear buyer,

Thanks for your continuous support to our store, and we are striving to improve ourselves in terms of service, quality, sourcing, etc. It would be highly appreciated if you could leave us a positive feedback, which will be a great encouragement for us. If there's anything I can help with, don't hesitate to tell me.

Best regards,

(Your name)

Sample 27：

Dear buyer,

Could you tell me if the item has been successfully delivered to you? If you get it, we sincerely hope you will like it and be satisfied with our customer services. If you have not got it or got it but have any concerns, please don't hesitate to contact us. We would like to do whatever we can do to help you out.

If you don't mind, please take your time and leave us a positive comment, which is of vital importance to the growth of our small company.

Please DO NOT leave us negative feedback. If you are not satisfied with any regard, please contact us for solution.

Thank you so much.

Yours sincerely.

Sample 28:

Dear buyer,

You can leave feedback for suppliers within 30 days of order completion.

There are 2 ways to leave feedback:

Method A:

Sign into My AliExpress;

Confirm receipt of your order;

On the Leave Feedback for this Transaction page click Leave Feedback;

Rate the seller by clicking the number of stars you want to give and enter an explanation of your rating, your explanation should cover the quality of the item and the seller's service and click Leave Feedback.

Method B:

Sign into My AliExpress;

Go to Transactions, click Manage Feedback, then click Orders Awaiting My

Feedback;

Choose an order and click Leave Feedback.

Thank you so much.

Yours sincerely.

（二）修改评价之请求修改差评

如果客户给了差评，一定要及时跟客户交流，问清楚到底是质量问题，还是物流问题等，如果是产品的缺陷就想办法弥补或者客户下次来时在不亏本的情况下给他点优惠，让他改一下评价，这样卖家也不亏还又维持了一个客户。当然有些买家也不是故意给差评，他们只是不大了解平台规则，这时我们不妨将平台的修改规则告诉他们，买家愿意修改最好，不愿意则可以忽略，有时候收到几个差评也是正常。

要处理差评纠纷，首先就要弄清楚它们产生的缘由。客户期望值过高，产品没有达到他们的期望值是纠纷和差评的根源，物流速度是造成客户满意度下降的元凶，沟通不够让不满演变成纠纷或差评。产品质量不过关，包装破损等也是差评纠纷常见的原因。弄懂了为什么客户给差评，那么解决起来也就没那么难了。

不要一味地美化产品，如果有瑕疵和不足的，要在图片中体现，产品描述要清晰简洁详尽。遇到给差评的客户，我们都是先站内信和邮件沟通，请求修改评价，一部分客户很好讲话直接就改了，一部分客户没有任何回应; 这样一周之后还有一次邮件"轰炸"的机会，诚恳表示希望客户修改评价，用诚心感动他们。

Sample 29:

Dear buyer,

I noticed that you gave us a negative feedback. You know 5-star is really important for us. I would be grateful if you can change your feedback to 5 stars.

The below procedure can help you change the feedback:

1.Sign into My AliExpress;

2.Go to Transactions, click Manage Feedback (under Feedback); then click Active Feedback;

3.Choose an order and click the Revise Feedback button;

4.On the Request Buyer Feedback Revision page, enter your reason and click Revise Feedback.

Best regards,

(Your name)

常用句型:

1. I am quite confident about my products.
我对我的产品很有信心。

2. We sincerely look forward to establishing long business relationship with you.
希望能够与您长期合作。

3.We are sorry to see that you left negative or neutral feedback relating to your recent purchase experience from our store.

很遗憾看到你最近在我们店铺的购买行为中给了我们中差评。

4. We hope you can revise your feedback into a positive feedback to us.

我们希望你能将评价改为好评。

5. Would you please change the feedback?

你能修改一下评价吗？

6. If you can change the feedback, we can offer you $1~5 off discount in your new order.

如果你能修改评价，下次新订单我们将给你 $1 ~ 5 的优惠。

（三）受到好评之表示感谢

店铺好评的提升标志着一个店铺的信用度的提升，好评越多，顾客就会增加信任感，购买的欲望才会增强。如果店铺好评很少，即使客户想购买也不会放心。一模一样的商品，价格相等，顾客一定会选择好评多的店铺购买。店铺每卖出一件商品，一直到双方交易成功后，店铺就会增加一个好评（即增加一个红心）。店铺交易量越大，好评就会越多。如果受到好评，一定要对买家进行答谢，有助于买家再次转化。

Sample 30:

Dear buyer,

Thank you for your recent positive feedback!

Your satisfaction is hugely important to us, and keeps us motivated to try harder for our customers!

You can check out more great products from our store: http://www.aliexpress.com/×××.

We hope we'll see you again on our store soon.

Yours sincerely,

(Your name)

Sample 31:

Dear buyer,

I am so pleased and grateful that you gave us a good feedback /you are satisfied with our products and service. I hope I can give you a good discount or send a gift to you when you order next time. Thank you very much.

Best regards,

(Your name)

常用句型：

1. Thank you for your positive feedback.

感谢您的好评。

2. I am so pleased and grateful that you gave us a good feedback.

我非常高兴和感谢你给我们一个好的反馈。

3. Your encouragement will keep us moving forward.
您的鼓励是我们前进的动力。

（四）纠纷开启前之发货后通知买家发货

在交易的过程中我们要尽量避免纠纷的产生，如果真的产生纠纷了，顺利地解决问题并让买家感到满意，也会为我们留住客户并且产生口碑效应，赢得更多的客户。

国际物流往往有很多不确定因素，例如，海关问题、关税问题、派送转运等。在整个运输过程中，这些复杂的情况很难被控制，难免会产生包裹清关延误、派送超时甚至包裹丢失等状况。对于买家来说，长时间无法收到货物或者长时间不能查询到物流更新信息是不能接受的，因而将会直接导致其提起纠纷。同时，没有跟踪信息的快递方式对于卖家的利益也是没有保障的，当买家提起"未收到货"的纠纷，而货物信息无法跟踪对卖家的举证是非常不利的。因此，在选择快递方式时，可以结合不同地区、不同快递公司的清关能力以及包裹的运输期限，选择 EMS、DHL、FEDEX、UPS、TNT、SF 等物流信息更新较准确、运输时效性更佳的快递公司，这些快递方式相比较航空大小包来说，风险值会低很多。总的来说，选择快递方式时务必权衡交易中的风险与成本，尽可能选择可提供实时查询货物追踪信息的快递公司。在发货后，卖家要第一时间给买家发信告诉对方货已经发出，并提供运单号和查询网址等信息。

Sample 32:

Dear customer,

Thank you for shopping with us. We have dispatched your order (order No: ×××) on January 20th by EMS. The tracking number is ×××. It should take 5−10 business days to reach your destination. Please check the tracking information here: www.×××××.com for updates. Thank you for your patience! If you have any further questions, please feel free to contact me.

Best regards,

（Your name）

（五）客户日常维护之节日问候

给已经联系的客户或者新开发的客户，发节日祝福邮件，一是维护好客户关系，二是和客户沟通确认细节，推荐产品，让客户记住你，对你有印象。

Sample 33:

Dear customer,

Merry Christmas and happy New Year! The Christmas and New Year holiday is coming near once again. We would like to extend our warm wishes for the upcoming holiday season and would like to wish you and your family a Merry Christmas and a prosperous New Year. May your New Year be filled with special moment, warmth, peace and happiness, the joy of covered ones near, and wishing you all the joys of Christmas and a year of happiness.

It's my honor to contact with you before, and my duty is to give you our best products and excellent service. Hope the next year is a prosperous and harvest year for both of us ! Last but not least, once you have any inquiry about ×××（products）in the following days, hope you could feel free to contact with us, which is much appreciated.

Yours sincerely.

Sample 34:

Dear ×,

Many thanks for your contiguous supports in the past years. We wish both business snowballing in the coming years.

May your New Year be filled with special moment, warmth, peace and happiness, the joy of covered ones near, and wishing you all the joys of Christmas and a year of happiness.

Last but not least, once you have any inquiry about ××× (products) in the following days, hope you could feel free to contact with us, which is much appreciated.

Yours sincerely.

Sample 35:

Dear ×,

As Easter Day is approaching, I do like to cherish this opportunity to wish you Happy Easter Day and brilliant life.

Regarding the ×× product we talked before, the unit price is ×× and packed in polybags.10 pieces is put in one carton 20 cm×25 cm×30 cm. And the carton weight is 5 kg. The delivery time is 10−15 days. Is this information correct and enough?

Happy Easter and enjoy your life. We are always ready to offer you best service if you kindly let me know.

Yours sincerely.

任务五　跨境电商客服常用策略

一、认同企业文化

（一）企业文化的定义

企业文化从属于组织文化的一部分，美国麻省理工学院教授爱德加·沙因认为，企业文化是在企业成员相互作用的过程中形成的，为大多数成员所认同的，并用来教育新成员的一套价值体系（包括共同意识、价值观念、职业道德、行为规范和准则等）。

企业文化包括员工的价值观念、道德标准、行为规范、企业制度、企业形象和企业产品中的文化特色。文化具有独特性、难交易性、难模仿性的特质，企业文化是企业员工思想、行为的制度和依据，是企业可持续发展的驱动力。企业文化中的价值观念是企业在长期的生产经营实践中所形成的、具有本企业特色的精神，是企业文化的核心内容。

情景案例

加多宝的红色战役

2012年5月12日，王老吉商标使用权被广药集团夺回，加多宝集团面临"生死抉择"。就目前的市场经验来说，没有哪家企业有过类似的经历，加多宝遭遇的这场商标争夺战可以说是一场惊心动魄的商海战役。

然而几个月过去了，在商标争夺彻底无望的同时，加多宝凭借其危机应对的营销策略，借助高调赞助"中国好声音"节目等市场营销活动，成功在最短时间内重新树立起一个新的凉茶品牌。

在巨变来临时，公司管理层紧急召开各种会议进行战略部署，市场、销售等部门都有明确的规划和应对措施。公司对人力资源部的要求就四个字——稳定军心。公司所有员工的即时通信工具头像统一更换成加多宝红罐凉茶。以前加多宝的员工去餐厅吃饭都会自带饮料，但从那一刻开始，员工去餐厅吃饭都会主动向服务员强调要"加多宝"。有不少员工在打出租车的时候会主动送加多宝给司机，并告知凉茶换标了。图2-4是王老吉和加多宝这两个品牌的凉茶产品。

分析

在这场商标争夺战中，加多宝输了商标赢了市场。外界普遍认为这是加多宝营销策略的成功，在这场"红色战役"中外界所不知道的是，加多宝通过这场危机不仅成功树立了一个新的凉茶品牌，还成功打造出了公司的企业文化。

图2-4　王老吉和加多宝凉茶

（二）企业文化的建设

企业通过文化的建设，以实现价值共守、精神共通、情感共流和命运共担。企业形象识别（corporate identity system，CIS），是指企业对自身的经营理念、经营方针、行为方式及视觉识别等进行统一的革新和传播，从文化和形象的角度来进行筛选并加以整合，以塑造出富有个性的企业形象。CIS 由 MI、VI 和 BI 三部分组成。

1. 理念识别系统（MI）

MI 主要指企业精神文化，也就是"企业的心"，包括企业经营理念、企业宗旨、企业精神、企业目标等展示企业独特形象的设计体系。

2. 视觉识别系统（VI）

VI 主要指企业物质文化，也就是"企业的脸"，通过企业识别符号来展示企业独特形象的设计系统，包括企业环境、产品、标识、标志等。李宁公司 Logo 和广东卫视的 Logo 分别如图 2-5、图 2-6 所示。

图 2-5　李宁公司 Logo　　　　　　　图 2-6　广东卫视 Logo

3. 行为识别系统（BI）

BI 主要指企业行为文化，也就是"企业的手"，用于展示企业独特形象的设计系统，包括人际关系、文体活动、员工行为以及对内组织、管理、教育、培训等活动。图 2-7 为企业文化的诞生过程。

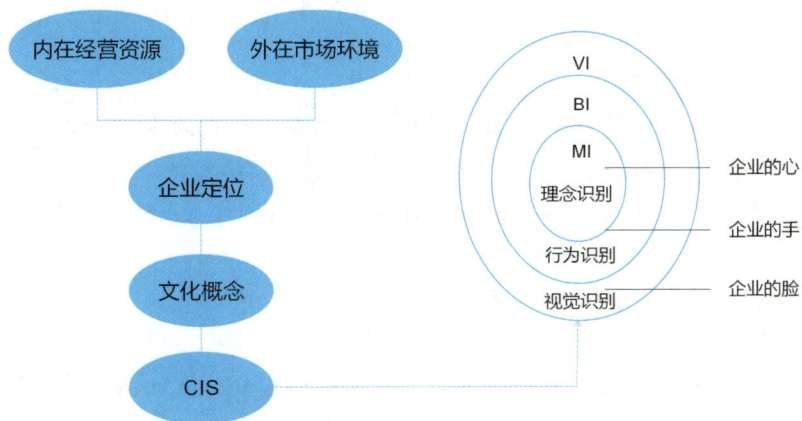

图 2-7　企业文化的诞生过程

二、认同企业价值观和企业精神

企业价值观是指企业所推崇的基本信念和目标，是一个企业全体员工共同一致、彼此共鸣的内心态度、意志状态和思想境界。企业精神是企业的精气和元神，是企业价值观的升华、提炼和凝聚。

企业成员之间有着相关联的工作，在行为上有彼此影响的交互作用，并且在心理上能影响到其他成员，并有彼此相互归属的感受和工作精神，这就是企业精神。

三、确立服务客户的职业价值观

由此可见，电商企业客服人员的对客服务是企业服务的重要组成部分，也是企业文化建构的重要一环。客服人员也应该确立服务客户的正确职业价值观：

（1）客户第一：客户是衣食父母。

（2）团队合作：共享共担，平凡人做非凡事。

（3）拥抱变化：迎接变化，勇于创新。

（4）诚信：诚实正直，言行坦荡。

（5）激情：乐观向上，永不放弃。

（6）敬业：专业执着，精益求精。

✏️ **想一想**

小刘是一位电子商务公司的客服人员，从业已快一年。她的性格大大咧咧，说话不太注意细节，在办公室经常是想到什么就说什么，讲话经常一针见血、直奔主题，了解她的人一般也会理解。针对这种情况，作为公司的管理人员，应该怎么做呢？

📖 **知识链接**

阿里巴巴的价值观

阿里巴巴的"六脉神剑"大家应该都比较熟悉，具体有"客户第一、团队合作、拥抱变化、诚信、激情、敬业"，如图2-8所示。

1. 客户第一——客户是衣食父母

（1）尊重他人，随时随地维护阿里巴巴形象。

（2）微笑面对投诉和受到的委屈，积极主动地在工作中为客户解决问题。

（3）与客户交流过程中，即使不是自己的责任，也不推诿。

（4）站在客户的立场思考问题，在坚持原则的基础上，最终达到客户和公司都满意。

（5）具有超前服务意识，防患于未然。

2. 团队合作——共享共担，以小我完成大我

（1）积极融入团队，乐于接受同事的帮助，配合团队完成工作。

（2）决策前，积极发表建设性意见，充分参与团队讨论；决策后，无论个人是否有异议，必须从言行上完全予以支持。

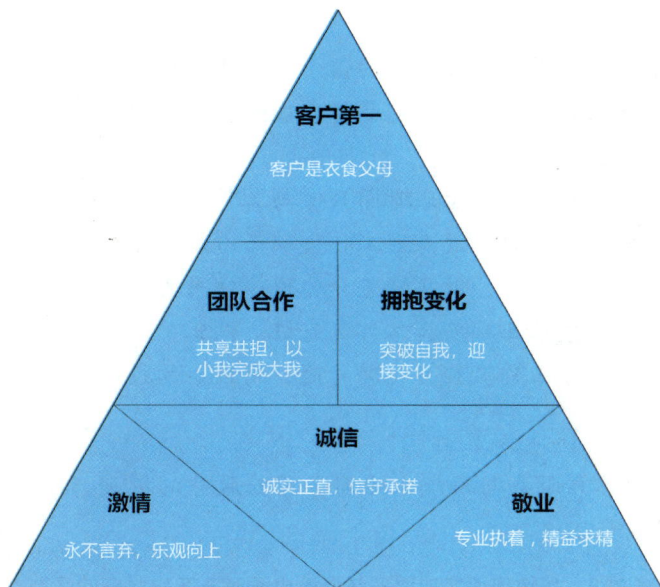

图 2-8　阿里巴巴的核心价值观

（3）积极主动分享业务知识和经验，主动给予同事必要的帮助，善于利用团队的力量解决问题和困难。

（4）善于和不同类型的同事合作，不将个人喜好带入工作，充分体现"对事不对人"的原则。

（5）有主人翁意识，积极正面地影响团队，改善团队士气和氛围。

3. 拥抱变化——突破自我，迎接变化

（1）适应公司的日常变化，不抱怨。

（2）面对变化，理性对待，充分沟通，诚意配合。

（3）对变化产生的困难和挫折能自我调整，并正面影响和带动同事。

（4）在工作中有前瞻意识，建立新方法、新思路。

（5）创造变化，并带来绩效突破性的提高。

4. 诚信——诚实正直，信守承诺

（1）诚实正直，表里如一。

（2）通过正确的渠道和流程，准确表达自己的观点；表达批评意见的同时能提出相应建议，直言有讳。

（3）不传播未经证实的消息，不背后不负责任地议论事和人，并能正面引导，对于任何意见和反馈"有则改之，无则加勉"。

（4）勇于承认错误，敢于承担责任，并及时改正。

（5）对损害公司利益的不诚信行为正确有效地制止。

5. 激情——永不言弃，乐观向上

（1）喜欢自己的工作，认同阿里巴巴企业文化。

（2）热爱阿里巴巴，顾全大局，不计较个人得失。

（3）以积极乐观的心态面对日常工作，碰到困难和挫折的时候永不放弃，不断自我激励，努力提升业绩。

（4）始终以乐观主义的精神和必胜的信念，影响并带动同事和团队。

（5）不断设定更高的目标，今天的最好表现是明天的最低要求。

6. 敬业——专业执着，精益求精

（1）今天的事不推到明天，上班时间只做与工作有关的事情。

（2）遵循必要的工作流程，没有因工作失职而造成重复错误。

（3）持续学习，自我完善，做事情充分体现以结果为导向。

（4）能根据轻重缓急来正确安排工作优先级，做正确的事。

（5）遵循但不拘泥于工作流程，化繁为简，用较小的投入获得较大的工作成果。

🗨 思考与练习

1. 分析传统店面客户服务与跨境电子商务客户服务的区别，明确跨境电子商务客户服务的特点，完成表2-3。

表2-3 传统店面客户服务与跨境电子商务客户服务的区别

比较项	传统店面客户服务	跨境电子商务客户服务
工作内容		
工作时间		
工作方式		
工作环境		
工作对象		

2. 通过上网搜索和查阅资料等方式，每位同学分别收集至少3个成功的售前、售中、售后客服的案例，填在表2-4中。

表2-4 跨境电子商务客服的成功案例

分类	案例名称	案例来源	启示
售前			
售中			
售后			

根据案例提炼出不同类别的客服人员在工作过程中的注意事项，同时进行客服工作过程的模拟训练。各小组汇总学习结果，派代表在班级交流发言。

3.结合速卖通网店客服人员的入职要求，填写表2-5。

表2-5　网店客服人员的素质及技能要求

	内容	标准
素质要求		
技能要求		

达到速卖通网店客服人员入职要求的自我培训有哪些？列出培训计划书。

（1）基本能力培训：_____。

（2）专业能力培训：_____。

（3）沟通能力培训：_____。

4.登录某跨境电商公司的官网，了解公司的品牌文化和企业文化等，请填写表2-6。

表2-6　某公司的企业文化

公司名称	
网址	
企业价值观	
企业宗旨	
企业使命	
企业愿景	
企业口号	
企业目标	

模块三

售前沟通与服务

学习目标

理解并掌握跨境网店售前客服的业务技能。

情景描述

小李是一名新入职的跨境网店客服，主管告诉她，在网店客户服务中，跨境客服与顾客互不见面，要想更好地服务顾客，就要储备大量售前知识，如了解售前工作内容、流程，学会沟通工具的使用，掌握产品知识和一定的沟通技巧等。其中，掌握产品相关知识是基础和前提，只有对自己的产品规格、特性、主要卖点等都了如指掌，才能在介绍、推荐产品以及解答客户疑问时得心应手。

情景分析

小李如何才能全面掌握商品知识呢？

跨境网店售前客服是电子商务客户服务中必不可少的，除了要有耐心细致、礼貌周到的服务之外，还需要熟悉企业品牌知识和店内产品的相关知识，熟知客户接待流程，熟悉客户接待沟通的相关知识，熟练掌握客服沟通技巧。

客服人员应在学习、了解商品相关知识的基础上，学习沟通的技巧，并进一步了解客户接待流程及注意事项，为成为一名优质客服做好充分准备。

任务一　跨境电商售前信息推送

跨境电商
售前信息推送

一、品牌知识

1. 品牌定位

品牌定位就是企业在市场上树立的一个明确、有别竞争对手、符合消费者需求的品牌形象，使商品在消费者的心中占领一个特殊的位置，当某种需要突然产生时，随即想到某种品牌。例如，在炎热的夏天口渴时很容易想到清凉爽口的"雪碧"。

如图 3-1 所示，宝洁公司旗下有很多个品牌，每个品牌都有自己独特明确的定位，飘柔洗发水主打"柔顺的秀发最美丽"，潘婷洗发水主打"营养发根"，帮宝适纸尿裤主打"有效吸收大量水分"等。

2. 品牌价值

知名企业通常会有自己的品牌文化。品牌文化包含个性、精神、使命、愿景等一系列的内容，同时，它又会着重强调自己的品牌价值。品牌价值包括有形价值和无形价值，品牌的有形价值是可见的，某些商品一旦被贴上品牌的标签，其商品的价格和价值都会大幅提升，这部分的差额收益就是品牌所带来的附加值，也被称为品牌溢价；品牌的无形价值主要是指品牌在消费者心目中的综合形象，通常会体现在客户购买该品牌的商品后，该商品给顾客所带来的精神上的愉悦感和心理上的满足感。品牌通常代表着产品、服务的高质量，出于对品牌的信任，顾客在选择商品时变得更加省时、省力。品牌价值既可以是功能性利益，也可以是情感性或自我表现性利益。

图 3-1　宝洁公司旗下的众多品牌

据国际品牌评估机构国际品牌集团的评估结果，2018 年全球饮料最有价值的品牌由可口可乐占据，其品牌价值高达 303.78 亿美元。有人戏称如果一把火把可口可乐公司所有厂房、设备等有形资产全部烧毁，可口可乐仍然可以利用其品牌价值从资本市场上筹集到数百亿美元的巨额资金，很快就能重新占据其碳酸饮料霸主的领先地位。

3. 品牌文化

品牌文化是基于某一品牌对社会成员的影响、聚合而产生的亚文化现象，是某一品牌的拥有者、购买者、使用者或向往者之间共同拥有的，与此品牌相关的独特信念、价值观、仪式、规范等的综合。企业可以充分利用各种强有效的内外部传播途径，形成消费者对品牌在精神上的高度认同，创造品牌信仰，最终形成强烈的品牌忠诚。

✎ **做一做**

选择你所熟悉的几个跨境品牌，根据他们的品牌特点制作下列品牌说明，见表 3-1。

表 3-1　跨境品牌说明

	品牌 A	品牌 B	品牌 C	品牌 D
品牌名称				
品牌定位				
品牌特色				
品牌文化				
目标消费群体				

二、产品知识

在进行客户服务时，客服人员首先要熟悉公司产品，从公司产品的规格型号、功效功用、材质面料、配套产品、风格潮流等方面认识并了解，使自己能够在很短的时间内熟悉电子商务针对的产品特性，能对产品的优势和劣势做出分析，使用合理的方式和巧妙的语言进行商品描述，从而有针对性地给客户介绍商品。这样的服务才能体现出专业性，更有说服力。

（一）规格型号

规格是指产品的物理形状，一般包括体积、长度、形状、重量等。在标准化生产的今天，通常一种产品采用一种规格衡量标准，一般品种的规格都是从小到大有序地排列的。规格型号是用来识别同类产品或同一品牌不同产品的编号。下面我们就来了解一些商品的规格区分方式，最快地掌握商品资料，用专业的回答来服务于顾客。

1. 按大小来区分

服装、鞋子、戒指等商品都是按尺码区分规格的商品。

鞋子按脚的长短来确定尺码，人的脚有胖瘦之别，所以鞋型会有宽窄之分，通常，我们拳头大小跟心脏大小相似，拳头的周长与脚的长度也很接近。

手环手圈的大小称为"手寸"，以"号"来表示，是根据手环的直径和周长来确定的。

服装相对来说比较复杂，因为目前服装市场大约有两种尺码型号的标识法。第一种是按照传统的 XS、S、M、L、XL、XXL 来区分，上述尺码依次代表加小号、小号、中号、大号、加大号、加加大号，如图 3-2 所示。第二种是用身高加胸围的形式来区分，如 160/80A、165/85A、170/85A 等，斜线前面的数字代表"号"，是指服装的长短或人的身高，斜线后面的数字代表"型"，是指人的胸围或腰围，英文字母是体型代号，指人的体型特征，A 型表示一般体型，B 型表示微胖体型，C 型表示胖体型。

尺码	后中衣长	胸围	肩宽	袖长	下摆围
S	62	99	48	20	101
M	64	103	49	21	105
L	66	107	50	22	109

*尺码纯手工平铺测量，可能存在1~3 cm的误差，属正常范围（测量单位：cm）

图 3-2　服装传统尺码标识法

2. 按重量来区分

固体的食品、茶叶、彩妆类商品都是用重量单位克、公斤来区分规格的，在商品的外包装上，区分规格的重量单位"克"经常用英文字母"g"来表示，单位"公斤"用英文字母"kg"表示，如 100g 珍珠粉、150g 茶叶、10kg 面粉、10g 装粉饼、30g 白砂糖、3g 装的口红等。重量区分规格如图 3-3 所示。

（a）单位为 kg   （b）单位为 g   （c）单位为 g

图 3-3　重量区分规格

3. 按容量来区分

液体的饮料、油、护肤类商品都是用容量单位升、毫升来表示的，外包装上的"mL"表示容量单位"毫升"，"L"表示容量单位"升"。例如，500mL 的矿泉水、1L 的花生油、100mL 的爽肤水、30mL 的香水等。容量区分规格如图 3-4 所示。

（a）500mL 矿泉水　　（b）1L 花生油　　（c）100mL 爽肤水　　（d）30mL 香水

图 3-4　容量区分规格

4. 按长度来区分

线、管材、布料、花边等商品采用长度单位米、厘米来区分规格，长度单位"米""厘米"在外包装上通常以"m""cm"表示，一般长度越长价格越贵。

除此以外，商品的规格区分还有其他的计量单位，如地板按平方米计算价格、木料按立方米计算价格、灯泡按瓦数计算价格、计算机按配置计算价格，更多的商品是按件数、个数为规格计算价格的。

（二）功效功用

商品的功效是指产品使用后的效果，如美白、祛斑等，顾客在购买商品时非常重视产品的功效。作为客服人员，准确地掌握并描述产品的功效可以为顾客的选购提出指导性意见，引导顾客做出正确的判断，引发其购买需求。

（三）材质面料

产品的材质面料是指组成产品的成分、面料、特质等几个方面，这些都属于产品的内在特征，是产品质量的具体化体现。该产品由哪些成分构成，各种成分所占比例是多少，每种成分的功效如何，这些都是客户在选购产品时最关注的，作为客服人员，只有掌握这些知识才能更有针对性地为客户介绍所需要的产品。

例如，衣服的面料是体现产品特征的主体材料，主要包括丝绸、棉麻、皮革等，这些面料体现了产品的质感和舒适度，作为一名合格的客服人员，需要掌握这些面料的特点，多角度引导顾客购买产品。图 3-5 为某桑蚕丝衣物面料的详细介绍，图 3-6 为某品牌晚霜产品的成分介绍。

基本信息

产品属性：30姆米真丝重绉轻奢气质连衣裙 -《素魄》

面料成分：90%桑蚕丝+10%氨纶（蓝色 杏色）；100%桑蚕丝（黑色）

面料产地：中国

洗涤保养：手洗，不可漂白，在阴凉处悬挂晾干，熨斗最高温度 110℃，不可干洗；

版型指数：　紧身　修身　**合体**　宽松

厚度指数：　薄　**适中**　偏厚　加厚

长度指数：　短款　适中　**中长**　长款

弹力指数：　无弹　微弹　弹力　超弹

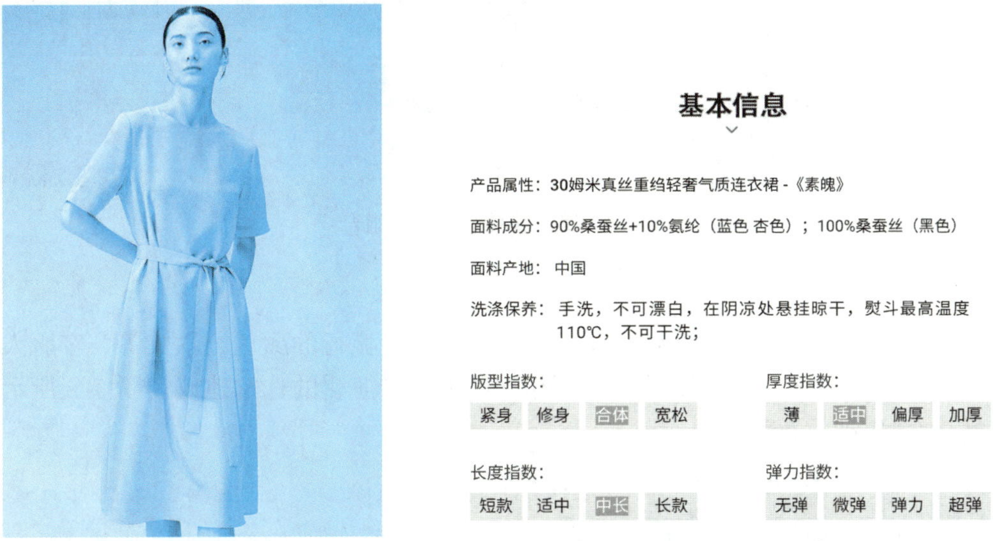

图 3-5　某桑蚕丝衣物面料的详细介绍

产品名称：芊墨御龄逆时还原晚霜

适用人群：干性、油性、混合性皮肤均适合（同时适合怀孕期、哺乳期使用）

作　用：有效渗透肌肤底层，在夜间修护肌肤白天所受到的伤害，促进新肤再生，持续给肌肤提供滋养精华，补充流失的胶原蛋白，坚持足量使用，将逐步提升肌肤弹性，淡化皱纹，加强皮肤的紧实度，并且细致肌肤。

备　注：不含动物油、无矿物油、无酒精、无合成香料、无合成色素、无防腐剂（通过六种有防腐功能的植物达成防腐保质）

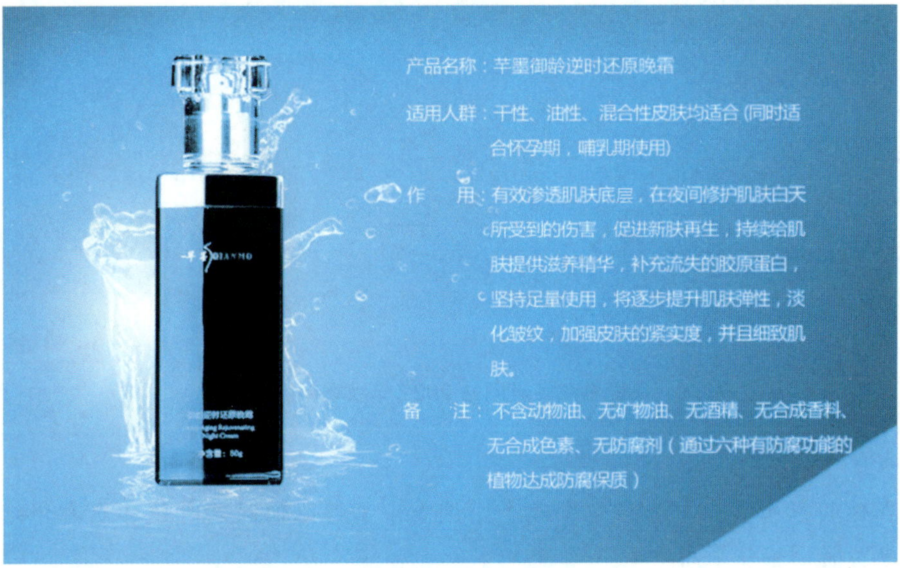

图 3-6　某品牌晚霜产品的成分介绍

（四）配套产品

配套产品是指客服按照产品的款式、功效等原则，用相关产品去包装组合。配套产品组合的价格通常要比分别买单个产品的价格便宜，通过使用配套产品，顾客期待的功效达到最佳水平，客户满意度得到提高。客服人员要非常了解产品的功能，才能对产品进行搭配组合，将相关搭配产品介绍给客户。图 3-7 所示为某护肤品产品套装组合，它是客服人员根据客户的需要推荐的有针对性的护肤产品组合，以起到更好的护肤功效。

图 3-7　某护肤品产品套装组合

（五）风格潮流

客服人员在接待客户的时候，可以告诉顾客最近流行的颜色、款式等，客服人员对流行原则的良好把控能够帮助其为顾客提供更加专业化的选购建议。图 3-8 所示为某网站 2022 年秋季新款。

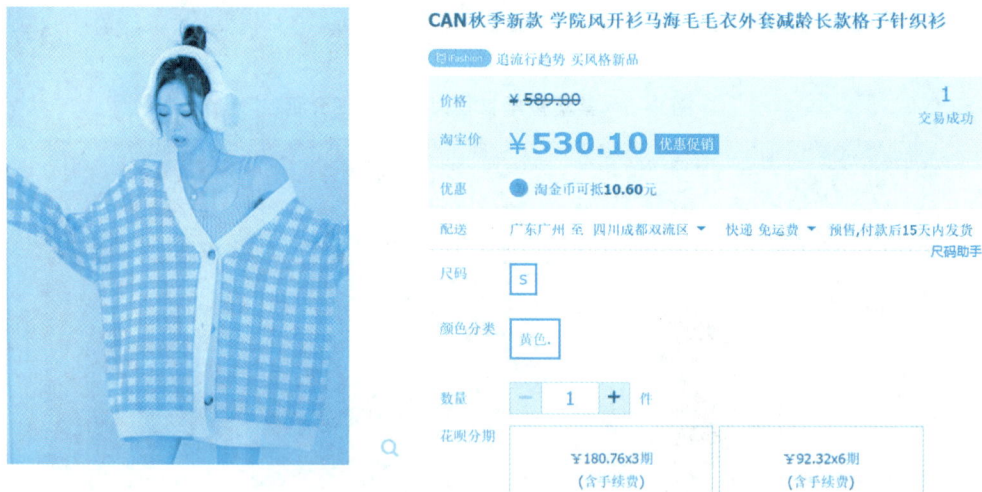

图 3-8　某网站 2022 年秋季新款

做一做

请在你的家人、朋友和同学中做个小调查，了解他们网购时最喜欢看介绍商品的哪些信息？将调查结果填入表 3-2 中。

表 3-2 商品介绍基本情况调查汇总

年龄段	调查人群		是否网购		介绍商品的哪些内容
	男	女	经常	偶尔	
50 岁以上					
35 ~ 50 岁					
18 ~ 35 岁					
12 ~ 18 岁					

请在你熟悉的电商平台上找一些你感兴趣的商品，根据其商品属性填写商品制作手册，见表 3-3。

表 3-3 商品制作手册

编号	图片	品名	售价	款式	尺码	尺寸	颜色	面料	备注
1									
2									
3									
4									

三、客服营销认知

（一）常见商品促销方法及实施

首先一个合格的客服人员不单单能够提供客户服务，更应当具备各项网络营销技能，成为全能型选手。对于商品促销，要能够根据实际情况采取合适的促销手段，能够设计编写促销活动的执行方案书，还要能熟练掌握促销活动通知的方式和促销活动执行的基本内容。

常见的网络促销形式、方法和手段主要有：

1. 网络促销形式

传统营销的促销形式主要有四种：广告、销售促进、宣传推广和人员推销。

网络促销活动相应形式也有四种，分别是网络广告、销售促进、站点推广和关系营销。其中网络广告和站点推广是网络营销促销的主要形式。

2. 网络促销的方法和手段

网络促销是在网络营销中使用的手段之一，在适当时候利用网络促销，可以更好地促使转化销售，更好地为销售服务。

常用的促销手段有打折促销、赠品促销、免费配送、积分促销、抽奖促销、联合促销、节日促销、纪念日促销、优惠券促销、限时限量促销、网站庆贺日促销等。

3. 网络促销实施

一次好的促销活动通常有如下几个重要环节：

（1）准备促销活动方案。

一份完善的促销活动方案包括活动目的、活动主题、活动时间、活动对象、活动内容和方式、客服培训提示、发货注意事项、其他注意事项。

（2）策划促销手段。

首先要对目标客户进行分析，通过年龄阶段、学历层次、性别分布、经济实力等因素了解分析客户群体，以便采取最有效的促销手段，传达最适合于他们的营销信息。

其次是确定促销信息，促销信息实质上就是用以吸引目标市场所采用的文字和形象设计。

最后选择合适促销方式，作为信息的发送者，企业必须选择最有效的促销手段，以便准确传达促销信息。

（3）促销活动送达。

通常，做促销活动前，需要做一些准备工作，有一个很重要的内容就是将活动规则和操作细节，有效地传达给每一个一线销售人员，以保证活动的顺利实施及在活动期间一线销售人员接待和解释的一致性，避免不必要的失误。

（4）促销活动执行。

养成良好的工作习惯也可以有效地提高工作效率，制作一个《促销活动执行手册》就是一种很好的工作方式。《促销活动执行手册》的内容应大致有以下几点：活动形式、活动主题、促销内容、活动细则、活动资料、简明流程、答顾客问、注意事项等几个方面。

（二）掌握软文营销

随着互联网以及互联网带动的娱乐文化的兴起，软文这种低投放高回报率的潜藏式广告成为最具生命力的营销方式，它的营销传播能力逐步得到社会各界的广泛认可。然而大多数电子商务企业都还未实现从传统的重美工向美工与文案兼重转变，单从电子商务文案中非常重要的详情页文案设计来说，就存在很多问题，很多商家不知道详情页的文案到底如何来写？也不知道详情页写成什么样子才是一个好的方案，导致详情页设计出来之后，商品的整体转化率比较低，浪费后期大量的推广费用。笔者认为好的详情页方案应包含以下内容。

1. 合适的商品标题

详情页的商品标题指的是商品内页中的标题部分。

跨境平台的商品名称的容量各不相同，根据速卖通标题要求，商品标题不能多于128个字符，根据各国的消费需求和商品定位的区别，可以尽可能选用更多的关键词，扩大消费者搜索的范围，提高被他们发现的概率。

2. 恰当详细的商品描述

（1）型号规格。

这部分内容一般包括商品的品牌、型号、材质、规格、功能、功效、包装、价格等商品基本信息，以及生产加工工艺、产品优势等有利于销售的商品信息。

（2）使用方法。

用文字说明的方式来介绍商品的使用方法，这样的页面显示方式不仅可以直接让顾客在购买商品之前了解使用方法，还可以方便自己随时查阅，一旦有顾客询问使用方法，就可以直接复制、粘贴给顾客看，也等于让自己再熟悉一次。

（3）交易说明。

交易说明可以用"买家必读""购物须知"等方式来体现，相当于交易双方的君子协议，今后在交易过程中一旦出现某种状况，双方有一个可以参考的依据，这也是独立于平台规则以外的一种双边协议，顾客一旦拍下代表对该条款的认可，同时，把合作条件放进交易说明里也是一种有效的纠纷规避方式。

（4）配送说明。

配送说明即关于邮寄的费用和物流配送周期的说明。因为顾客毕竟不是专业的卖家，可能对发往各地的运费标准和到货周期不甚清楚，做到预先告知既是商家的职责，也是优质服务的一种体现。

（5）服务保障。

服务保障包括质量承诺、售后维修、会员优惠等信息，这些信息既可以给顾客安全感也可以增加店铺对客户的黏性，如图3-9所示。

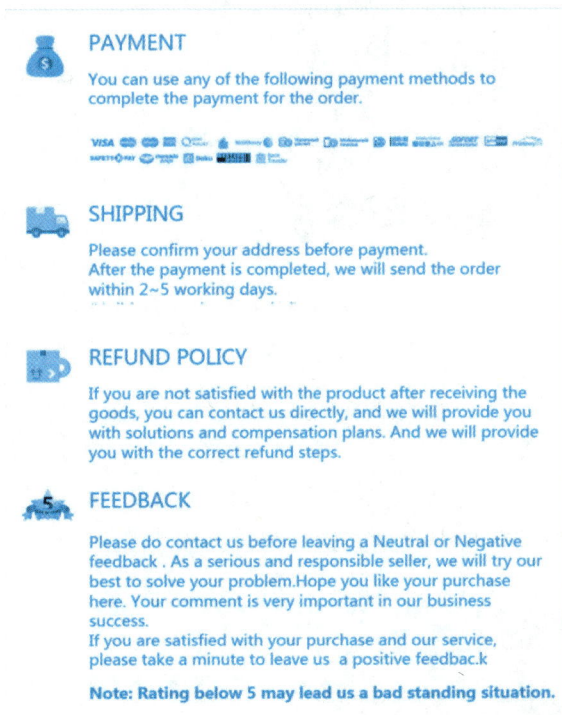

PAYMENT
You can use any of the following payment methods to complete the payment for the order.

SHIPPING
Please confirm your address before payment.
After the payment is completed, we will send the order within 2~5 working days.

REFUND POLICY
If you are not satisfied with the product after receiving the goods, you can contact us directly, and we will provide you with solutions and compensation plans. And we will provide you with the correct refund steps.

FEEDBACK
Please do contact us before leaving a Neutral or Negative feedback . As a serious and responsible seller, we will try our best to solve your problem.Hope you like your purchase here. Your comment is very important in our business success.
If you are satisfied with your purchase and our service, please take a minute to leave us a positive feedbac.k
Note: Rating below 5 may lead us a bad standing situation.

图3-9　服务保障

（6）相关信息。

相关信息里面的内容可以非常丰富，一切有利于销售的、有利于体现商家专业性的内容都可以放在商品描述的这部分内容里。提供自助购物指导、常见问答、保养知识、使用方法、联系方式等更为专业和周到的服务，展示以往顾客的评价，打消消费者的担心和疑虑等都是很好的促销手段。

以上介绍的都是商品描述里可以呈现的内容，我们一定要好好地利用这 25000 个字节的空间，让商品描述更加丰富、更加专业，充分地发挥营销的魅力和威力，让顾客进来以后流连忘返，不断挖掘他们的购买欲。

✎ **想一想**

如何设计焦点图呢？根据自己商品的情况，思考商品的焦点图应该设计成怎样的。

3. 能引发买家兴趣的焦点图

一个焦点图首先必须有一个焦点，这个焦点就是这款商品的广告。焦点图最大的作用就是引发消费者的兴趣。如图 3-10 所示，以"会呼吸的冲锋衣"为例，这款衣服在实际穿着中不会呼吸，用抽象的图形加相应文字，构成一个焦点图引发消费者的注意。

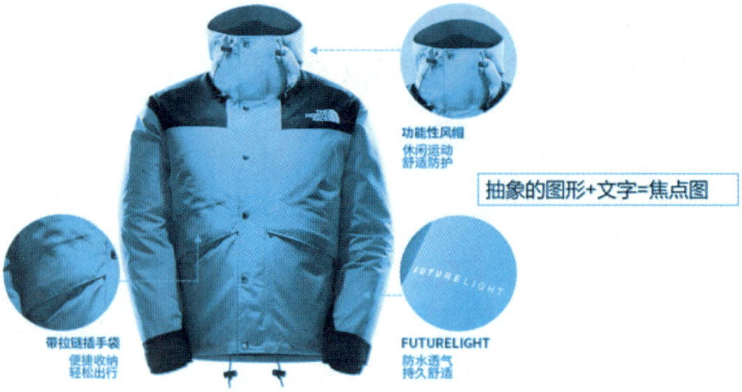

图 3-10　"会呼吸的冲锋衣"焦点图

4. 能激发潜在需求的宣传语

在今天商品过剩的时代，消费者对很多商品是可以买也可以不买的，这时就需要去激发消费者潜在的需求。

如图 3-11 所示，该商品在标题中加入"过年礼品""中老年保健品"，即为激发潜在需求的描述，这样较容易引发顾客给父母或亲友购买的意愿。

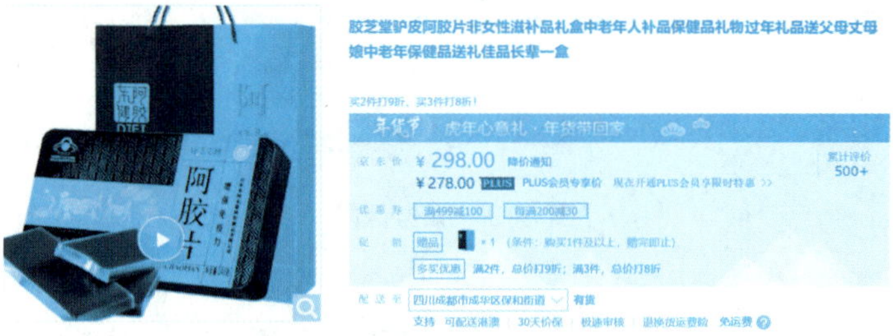

图 3-11　激发潜在需求的宣传语

5. 内容丰富的详情页

详情页内容一般包含以下 14 个要点。

（1）品牌介绍：在内页的首屏，一般介绍这个店铺的品牌是什么。

（2）焦点图：当一个消费者点击你的商品进到店铺后，要让消费者快速地切换到焦点图，通过焦点图迅速吸引和抓住消费者的眼球，让消费者明白这个商品是什么、有什么功能。

（3）商品的目标客户：迅速告诉消费者这个商品的目标客户是谁，以及买这个商品的人是谁，如商品是否适合作礼品相送。目标客户一般有两种，一是商品的购买者，二是商品的使用者。

（4）场景图：介绍这款商品用在什么场合、用在什么场景。

（5）细节图：从场景图逐渐过渡到商品的详细图，也称为细节图。

（6）卖点设计：做卖点设计或好处设计，即告诉消费者为什么要买这个商品．

（7）痛点设计：即假设消费者不买这个商品会有什么痛苦，增强消费者的代入感。

（8）对比设计：主要是同类型商品的对比，比如价格对比，价值对比，功能对比，第三方评价对比等。

（9）第三方评价：即在内页中大量采用客户的评价作为一个重要的打分环节。

（10）非使用价值的文案设计：告诉消费者此产品还能给他带来什么非使用价值。

（11）购买理由：一定要给掏钱买单的人若干个购买理由，是买给自己、父母、其他亲属，还是买给朋友等。

（12）购买号召：一定要发出购买号召，引导客户现在立刻来店里购买。

（13）购物相关：要有和购物相关的内容，比如邮费，怎么发货，怎么退换货，有哪些售后服务等。

（14）关联商品：有跟这款商品相关的关联销售推荐图。关联商品也要考虑次序问题，同类的商品优先推荐，不同类的商品放到第二位推荐，最后是套餐的推荐。

✍ 做一做

1. 小组合作开展训练，针对速卖通新的规定，选取一款女装进行内页软文写作，具体要求如下：

（1）给商品写标题。（符合消费者的消费体验，符合平台规则，有利于商品的自然搜索）

（2）列出商品的属性（包括品牌、型号规格、特性等信息，并配商品图片）。

（3）写出商品的描述（包括商品详情、使用说明、储存方法、保养方法、注意事项、交易说明、邮费说明、签收提醒、售后服务等内容和信息）。

（4）小组成员收集文案，共同讨论、修改，整合成一个完整的内页软文。

2. 小组合作开展训练，选择一款男士羽绒服进行内页软文写作，根据前面介绍的14 个要点设计它的内页内容，见表 3-4。

表 3-4　内页软文写作

序号	内页内容	是否需要	配图几张	软文要点
1	品牌介绍			
2	焦点图			
3	商品的目标客户			
4	场景图			
5	细节图			
6	卖点设计			
7	痛点设计			
8	对比设计			
9	第三方评价			
10	非使用价值的文案设计			
11	购买理由			
12	购买号召			
13	购物相关			
14	关联商品			

跨境电商
售前咨询

任务二　跨境电商售前咨询

　　无论是电话客服还是在线客服，沟通几乎占满了每天的工作时间。在线客服相对电话客服较为简单，主要是通过文字与客户沟通。电话客服与在线客服的特点比较如表 3-5 所示。

表 3-5　电话客服与在线客服的特点比较

主要工作特点	电话客服	在线客服
对表达能力要求的侧重点不同	对口头表达能力要求更高	对文字表达能力要求更高
对自控力要求有所不同	客户以及客服的情绪都可以通过通话直接传递，对客服人员自控能力要求较高	无须第一时间直面客户情绪，在看到客户带有极强情绪的消息时，客服人员可以先自我消解再回复，对客服人员自控能力要求相对电话客服要低
沟通的时效性有所不同	更容易直接和客户沟通，时效性强	回复时间可能略长，时效性略弱

一、与客户沟通的基本原则

作为网店客服人员，首先要能够让客户拥有良好愉快的购物体验。通过有效的沟通，可以改善客户的购物体验，提高潜在客户的购买率，还可以极大程度地促进客户的重复购买行为。

以下是客服人员与客户沟通过程中需要注意的几点基本原则。

1. 语言要通俗易懂

在和客户沟通时，不要为了显示自己专业而故意说一些晦涩难懂的词语，尽量使用通俗语言直截了当地告诉客户。例如，客户询问两款不同品牌但功能差不多的空调为什么其中 B 款价格高很多，如果回复"这款是一级能效呢"，多数客户会追问一级能效是什么意思，如果回复"这款更节能省电呢"，客户就很容易懂了。

2. 要有足够的耐心与热情

热情的态度可以展现客服人员的活力，打动和感染客户，让客户从热情中体验到被重视的感觉，还可以将潜在的顾客变成忠实的顾客。对于售出的商品出现了问题，客服人员应当树立积极端正的态度解决问题，主动地与客户进行沟通，尽快提出解决办法，而不是推后甚至回避。

3. 尊重对方的立场

当客户表达不同的意见时，要力求体谅和理解客户，尽量站在客户的角度，真正了解客户的心声，为客户提供更好的服务。

📖 情景案例

为客户创设使用情境

对话一：

客户：你推荐的这款电风扇除了能遥控外也没有什么特别的啊？

客服一：您好，遥控电风扇使用十分方便呢。

对话二：

客户：你推荐的这款电风扇除了能遥控外也没有什么特别的啊？

客服二：您好，假如您坐在沙发上看电视，感觉有点热，您不用起身直接遥控就可以打开电风扇了呢，十分方便好用。

🗨 分析

通过以上两组对话可以看出，客服二的推荐更加全面，不仅说出了遥控电扇方便的特点，还利用情景创设详细说明为什么方便，更能打动客户。

4. 用关键卖点打动顾客

任何一件商品都有与众不同的特点，这些特点可以变为商品的卖点。将卖点与客户的需求结合起来，这样更容易打动客户，激发其购买欲望。

情景案例

寻找关键卖点，激发客户购买欲望

情人节前几天，德芙巧克力打出友情篇和情侣篇的广告后，德芙旗舰店的生意非常火爆。德芙巧克力的主要消费群体是年轻人，年轻人懂得时尚与浪漫，感情丰富。德芙巧克力不仅成为一种礼品，还成了爱情的象征，情感意义是德芙巧克力的一大亮点。

客户：我想了解一下你们的巧克力，打算情人节送给女朋友。

客服：德芙是年轻人非常喜爱的巧克力品牌，很多消费者通过赠送德芙收获爱情呢！您的女友一定会喜欢的。

客户：那我应该买散装的还是礼盒装的呢？好像散装更划算一些。

客服：如果是送女朋友的话，我建议您购买礼盒装的。对了，我们可以根据您的需要定制漂亮的巧克力礼盒形状和颜色。漂亮的礼盒没有女孩子会拒绝哦！

客户：好的，那我还是买礼盒吧！

客服：嗯嗯，预祝你们过一个甜蜜的情人节！

分析

德芙旗舰店的客服深知自己产品的卖点是情感意义，所以在介绍产品时没有从其口味功能出发，而是直接将产品与爱情联系在一起，突出产品卖点，以满足客户的需求。

5.学会赞美

要站在客户的角度去赞美鼓励对方。客服在倾听的同时给客户一定的赞美，鼓励他继续说下去，拉近与客户之间的距离，赢得顾客的好感，从而获得订单。每个人都喜欢听赞美的语言，我们去逛街买衣服的时候经常听到导购说你穿上这件衣服衬得皮肤白皙，或者又年轻了几岁，又或者一看你的穿衣打扮就是很时尚的人。消费者听着心里舒服，很容易就会购买。我们和客户在线沟通也要学会赞美。

情景案例

赞美顾客，成就事业

顾客：请问客服在吗？

客服：您好，客服小优为您服务。请问亲有什么需要？

顾客：我想问一下这条牛仔裤。

客服：小优想多问一句，您是自己穿，还是买来送人的？

顾客：我自己穿的。

客服：亲，您真有眼光啊，这条裤子是本店的爆款，穿上很时尚还显瘦呢。

顾客：（有些自豪）在我看来，我是能驾驭得了这条牛仔裤的。

客服：不得不说，您真是一位大美女，您要是喜欢，现在就可以下单呢。

顾客：好的。

分析

本案例中客服人员小优在赞美顾客方面做得很好，对顾客的赞美到位，顾客高兴地下了订单。

做一做

请在众多跨境电商平台中，任选其一，搜索"保温杯"品类的商品，制作客服相关术语模板，填写在表3-6中。

表3-6　客服相关术语

类别	术语
欢迎	
对话	
议价	
支付	
物流	
跟进	
结束	

二、倾听的技巧

在与客户沟通时，首先要学会倾听，每个人都有表达的欲望，所以与客户沟通时应尽量鼓励客户多说话，自己则做一名忠实的倾听者，这样有利于取得客户的信任，让服务处于良好的氛围中。

1. 准确了解客户的需求

客服为客户提供服务的第一步就是准确了解客户的需求。客服只有认真倾听才能明白客户的真正需求是什么、客户到底需要什么样的服务。有时候由于某种原因，客户不愿意把他的需求直接表述出来，而是委婉地透露，这就需要客服努力发掘。

情景案例

未能达成的交易

客服：您好，请问有什么可以帮到您的？

顾客：我想在你们这里买一台冰箱。

客服：本店是××品牌冰箱官方旗舰店，冰箱种类很多，不知道您是否还有其他需求？

顾客：我正想要你帮我介绍一下A、B、C三款冰箱的相关信息。

客服：本店A、B、C三款冰箱的容量都差不多，从价格上来看A款冰箱价格相对较高，而 C 款的价格要低一些。

顾客：哎呀，你说的这些我都知道，我想知道的是这三款冰箱中哪款耗能低、效果好。麻烦你了解了我的需求再说好吗？

客服：要说耗能的话，A 款冰箱无疑是最佳选择，它每天耗电量在 1 度电以内。但是，也正因为 A 款冰箱技术含量相对较高，价格也是三款中最高的。所以，如果单纯从经济的角度考虑的话，我还是向您推荐 C 款冰箱。这款冰箱虽然能耗比 A 款略高，但是价格却低了不少。

顾客：所以，你认为我是没钱才买能耗高的？或者说，你是想向我强推 C 款冰箱？说了这么多，尽是些没用的信息！

🔍 分析

本案例中客服人员由于急于向顾客表达自己的意图，没搞清楚顾客的需求，引起顾客的反感，客服人员也未能如愿达成交易。

2. 拉近与客户的距离

认真倾听是一种礼貌，表达了对客户的尊重。客服保持一个倾听者的姿态，客户会逐渐打开自己的心扉，对客服产生信任感。礼貌待客，也可以让客户真正感受到尊重。在与客户交流的过程中，拉近与客户的距离，让客户感觉身心愉悦，客服人员才能更顺利地工作。

3. 避免向客户重复询单

倾听的另一个好处就是可以避免向客户重复询单。如果客服过多地发问，容易让客户产生一些抵触情绪，感觉像被"审问"一样。客服如果能认真倾听客户，就会避免向客户重复询单从而引起客户的反感。

4. 注意客户言语的弦外之音

优秀的客服人员在聆听客户说话时，发现很多信息都在客户的话语中流露出来，优秀的客服人员不仅能听出客户的本意，还能听出客户的话外音，从而了解客户的真正意图，为客户提供更加符合需求的服务。

📖 情景案例

聆听的价值

客服：您好，我是 ×× 店的客服小李。请问有什么可以帮到您？

顾客：我要经常去外地，想买一个 10000 毫安的手机充电宝。

客服：感谢亲的咨询，我们店有几款 10000 毫安的充电宝，只是小李还想多嘴问一句，您是否更加青睐于体积小巧的充电器呢？

顾客：你不说我倒是没想到这一点，便于携带确实是很重要的一点。

客服：如果是这样的话，小李给您推荐 Y 产品。这是一款 10000 毫安的充电宝，体积小，重量轻，便于出差人士随身携带。

顾客：谢谢你的建议，我也觉得你们的 Y 产品是最适合我的。

客服：您太客气了，小李代表××店感谢您的支持。以下是我们店 Y 产品的链接，×××××××。您可以直接通过链接进行购买、如果还有什么疑问，欢迎您再次与小李联系哦！

🔍 分析

本案例中客服人员在倾听客户说话时，通过进一步的询问得到更多的有用信息，从而了解客户的真正意图，为客户提供更加符合需求的服务。

三、提问的技巧

1. 开放式问题

开放式问题，是指对问题的回答没有固定的标准答案，客户可以根据自己的喜好自由发挥。开放式问题可以让客户畅所欲言地回答，客户不受约束时通常会感到放松和愉快，有助于双方进一步沟通，同时也有助于客服人员通过谈话了解更多的客户信息。

一般来说，沟通刚开始的时候，客服人员使用的都是开放式问题。客服跟客户谈话的第一个问题一般都是"亲，有什么可以帮您的？"之类的，这就是一个典型的开放式问题。开放式问题可以让顾客更主观地表达自己的想法，但是顾客的回答缺少可控性，如果连续使用这种问题就会比较浪费时间，这个时候就需要使用封闭式问题。

2. 封闭式问题

封闭式问题限定了客户的答案，如"您喜欢红色还是黄色？""您需不需要购买运费险？"等。相对开放式问题，这类问题的回答具有可控性，只能在有限的答案中进行选择。封闭性问题的使用可以在客户犹豫不决的时候帮助他判断，作出选择。作为一名优秀的客服人员，要善于运用封闭式问题来引导客户，同时提问引导时要注意以下几点。

（1）提问应是一种引导，语气忌简单生硬。

（2）通过封闭式提问来激发客户的潜在需求。

（3）在提问的过程中推荐产品，促进销售。

（4）提问应该为下一步分析客户做准备。

✏️ 想一想

请根据以下客服人员与客户的聊天记录，思考该客服人员的提问方式合适吗？如果不合适，问题出在哪里？

客户：你们发货是选择哪家快递公司？

客服：请问您对物流有什么要求吗？

客户：你给我发 EMS 快递吧。

客服：对不起，我们跟 EMS 没有合作，您能选别的快递公司吗？

客户：你们跟哪家快递公司有合作？

……

✏️ **做一做**

判断以下几个观点，对的打 √，错的打 ×。

（1）客服人员的任务是将产品或服务推销给客户，所以要以说服客户为主，客户说什么并不重要。（　　　）

（2）倾听客户说话的目的是要找到客户的真实需求，这有助于精准定位，为客户提供更优质的服务。（　　　）

（3）倾听客户说话的时候，仅有认真的态度是不够的，还要从客户的角度出发，将客户的事情当作自己的事情去做。（　　　）

（4）公司的规定一定要遵守，如果因为规定而失去客户，客服人员并没有任何责任。（　　　）

（5）倾听客户说话的时候，应该适时地进行回应，并给予相应的建议，这样才能达到良好的沟通效果。（　　　）

（6）倾听客户说话，最好思想简单一点，没必要去揣摩客户是不是有隐含的意思。（　　　）

（7）一件商品的卖点，对客户往往具有极大的吸引力，利用好这点将对达成交易产生积极的影响。（　　　）

（8）所有产品的卖点都是固定的，无论客户是怎样的，只要按照固有的方式进行介绍就可以了。（　　　）

四、客服沟通流程

售前客服的任务主要是介绍和销售商品，与客户沟通流程建议如下。

1. 倾听

要做好服务首先要学会倾听（也可以通过在线对话读取客户消息），客户一般是带问题咨询的，所以客户是急于表达的一方。假如客户来咨询还没有提出问题客服就开始推荐商品，这明显是不合理的。倾听，也要选择性地听，听的是客户关注的重要方面和提出的问题点，而不是过多关注客户的"为什么其他平台比你们的便宜"等内容。

2. 分析

在收集到客户的问题后，要学会筛选有用信息，分析客户需求，这样能减少处理时间，提高解决问题的效率。

📖 **情景案例**

客户：快递员打电话说今天下午送到，结果到现在（晚上 9 点）还没有送到。

客服：不好意思亲，可能是活动期间快件较多没有给您及时派送，不过现在快递员下班了，我看了物流信息，明天上午一定会给您送货上门的。

客户：送不过来就别说啊，害得我等了一下午。

分析

客户的意思比较明确了，快递员的错误承诺引起了客户的不满，客户想要一些相应的补偿，至于客服如何操作，是否补偿客户，每个平台规则不同，需要就具体情况具体分析。

情景案例

客户：我买了 4 包纸目前只收到了 3 包。

客服：您好，十分抱歉，经过核实确实给您少发了 1 包。

……

分析

该对话中客户没有表现出需求，这时需要客服引导：请问是给您补发 1 包呢，还是退您相应的费用呢？这就涉及客服的表达。

3. 表达

沟通从来都是双向的，客服对于客户的反馈进行分析后要给予客户回复，在不了解客户的需求时也可以提出疑问。作为客服人员，回复时应注重语气和语态，也要注意自己的措辞是否恰当，避免出现反问语气。

想一想

评价下面两组对话。

客户 1：你好，请问我这张优惠券有没有商品限制，是什么商品都能用吗？

客服 1：亲，您可能没留意优惠券上面的字，都是写着的，都可以用。

客户 2：你好，我想问一下我这款手机有没有万能遥控器功能，我需要控制空调。

客服 2：你去看一下说明书。

沟通是语言和文字的艺术，同一个意思用不同的文字表达出来会有不同的效果，同时还要注意语气词和礼貌用语的应用，"请""麻烦"等词语可以使语气更加委婉，更容易让人接受。例如，客户咨询到货后没有收到发票，如果是纸质发票，客服一般有两种回答："您去找找箱子里面有没有"和"请您仔细看一下包装内外，是不是有遗漏的地方没看到呢"。两种语气完全不一样，给客户的感觉也不一样。

情景案例

秀才买柴

有一个秀才去买柴，他对卖柴的人说："荷薪者过来！"卖木柴的人听不懂"荷薪者"（担柴的人）三个字，但是听得懂"过来"两个字，于是把柴担到秀才前面。秀才问他："其价如何？"卖柴的人听不太懂这句话，但是听得懂"价"这个字，于是就告诉秀才价钱。秀才接着说："外实而内虚，烟多而焰少，请损之。"（你的木柴外表是干的，里头却是湿的，燃烧起来，会浓烟多而火焰小，请减些价钱吧。）

卖柴的人因为听不懂秀才的话，于是担着柴走了。

🔍 分析

秀才买柴的故事告诉我们，客服人员平时最好用简单、通俗、易懂的语言来传达讯息，而且对于说话的对象、时机要有所掌握，有时过分地修饰反而达不到想要完成的目的。

任务三　跨境电商售前服务

一、客户接待流程

在线接待客户可以按以下六步流程进行，如图 3-12 所示。

图 3-12　在线接待的基本流程

（一）进门问好

进门问好，可以归结为一个"迎"字。迎接客户的艺术，良好的第一印象是成功沟通的基础。

📖 情景案例

把客户拒之门外

客户：老板在吗？

客服：在。

客户：你家那件黄色衬衫还有吗？

客服：没。

🔍 分析

在这个案例中，当客户进来打招呼之后，客服只说了一个"在"字。客户询问产品是否有货，客服又只以一个"没"字来回复，这样的一字言，在客服行业是绝对不行的。客户进入店铺进行咨询，都是卖家在花费了很多运营成本之后才带来的流量，简简单单的一句"没",就把客户拒之门外,那么之前的一切付出就等于白白浪费。因此,我们应该思考如何能够留住客户。

✏️ **想一想**

以下几种卖家的欢迎语,哪些更能留住客户呢?

卖家 A:您好,在的,×× 小店正等您呢!很高兴为您服务!

卖家 B:您好,我是 ×× 号客服。请问有什么需要吗?

卖家 C:您好,我是 ×× 号客服。很高兴为您服务,您刚才说的商品有货。现在满 ×× 元包邮,满 ×× 元有其他优惠活动。

卖家 D:您好,我是 ×× 号客服。很高兴为您服务,我需要为您看下库存单,要麻烦您稍等。

(二)接受咨询

当客户进入店铺进行咨询时,客服人员就扮演了销售人员的角色,起到非常重要的作用。如果客户让推荐一款商品,客服人员要首先了解客户的情况,如客户想购买冰箱,但是不知道选哪一个,需要客服推荐。此时,客服不能盲目推荐,要先询问客户对品牌、价格等的要求等信息,以此缩小范围。如果客户已经看好了商品,只是咨询注意事项或物流情况等问题,直接回答客户问题即可。

为了更好地接待客户,准确地回复客户的咨询,做好一个专业的"导购员",需要注意以下五点。

(1)及时回复,给客户留下好印象(用好黄金 6 秒)。

(2)用语亲切(加语气词哦、呢、噢)。

(3)一切站在买家的立场上(先交朋友)。

(4)具备丰富的专业知识(展示专业形象)。

(5)搭配合适的表情图(增加亲和力)。

目前,在一些规模较大的旗舰店都设有智能助手,当客户咨询时默认智能助手和客户沟通,当客户有其他疑问时也可以选择人工服务,此时需要人工和客户沟通,具体内容根据店铺或平台情况不同而设定。在一些规模较小的店铺一般会设有自动回复功能,客户咨询时首先会收到店铺设置的自动回复内容。

(三)推荐产品

1.FAB 法则

FAB 销售法则是销售技巧中最常用也是最实用的技巧。F(feature)指产品的特征、特性,A(advantage)指产品的优点或优势,B(benefit)指产品的这种优势能够给客户带来的好处。例如,客户想购买空调,客服推荐了一款一级能效的变频空调,这就是产品的特征,优势就是省电,能够为客户节省电费也就是省钱。这就是一个简单的 FAB 介绍。

客服人员在推荐商品时,切忌只简单说商品好,要告诉客户具体的好处。图 3-13

为某款纯棉 T 恤。

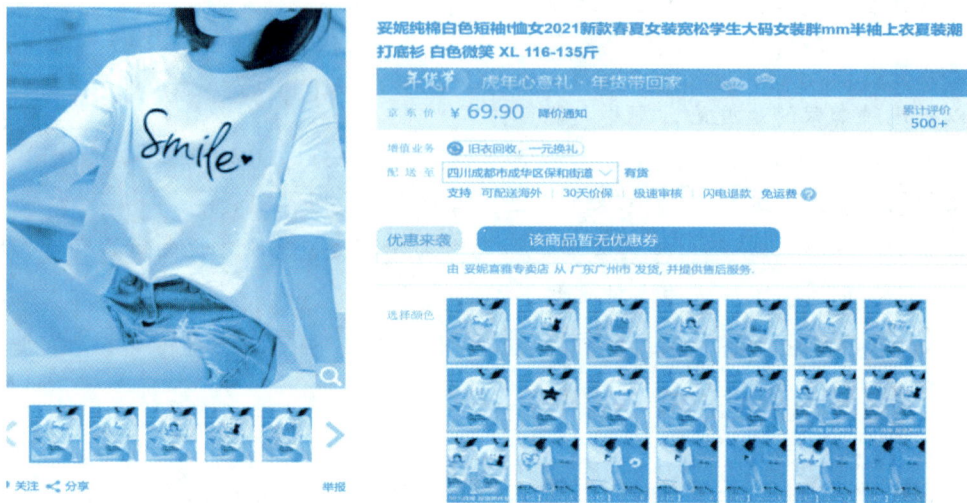

图 3-13　某款纯棉 T 恤

✎ **做一做**

对图 3-13 所示纯棉 T 恤进行 FAB 分析，具体见表 3-7。

表 3-7　纯棉 T 恤的 FAB 分析

序号	F	A	B
1	纯棉	吸水性强	柔软舒适
2	纯色	百搭	流行
3	圆领	款式简单	自然大方
4	透汗	不易皱	美观、透气、不闷汗
5	短袖	宽松	适合微胖人群

请仿照上述纯棉 T 恤的 FAB 分析法来分析一款笔记本电脑，并填写表 3-8。

表 3-8　笔记本电脑的 FAB 分析

序号	F	A	B
1			
2			
3			
4			
5			

2. 推荐相关联商品

关联商品是指同主打商品或辅助商品共同购买、共同消费的商品。关联商品具有方便客户购买、增加主打商品销售量的作用。客服人员可根据跟客户的对话快速判断客户的喜好，根据其喜好和需求进行一两款关联商品的推销。例如，客户购买打印机，可以推荐 A4 纸，购买泳衣可以推荐泳镜，购买手机可推荐手机保护套或保护膜等。

推荐关联商品时应注意两点：

（1）关联商品的价值和作用不能作为主打商品，但是关联商品可以使主打商品使用更加方便。

（2）关联商品与主打商品一起购买更加优惠，如顾客想购买洗发水，可以向他推荐与该洗发水一起销售的洗护套餐，这样洗发水价格更加优惠。

情景案例

向买家推荐关联商品

买家：老板，帮我看下我买的这款 T 恤有货吗？

卖家：亲，您眼光真好，今天这款 T 恤有一个搭配购哦！这款 T 恤 + 任意一款裤子可以减 20 元，还包邮哦！

买家：真的呀？刚好我也想买一条裤子，可是我不知道裤子是否适合我呢？

卖家：我帮您选择一款搭配一下，您看可以吗？

买家：好的！

分析

此案例中客服人员在成功推荐 T 恤后，又顺势进行其他相关商品的关联销售，并且通过优惠的方式刺激消费者购买其他关联商品。通过关联营销，有利于提升客单价，提升店铺访问深度。

3. 针对不同类型的客户采用不同的方法推荐产品

在和客户沟通时，语言无疑是重要的沟通方式，语言运用的成功可以说销售就成功了一半。那么如何注意运用我们的语言呢？在销售中还要抓住客户回应，客户回应的都是自身比较关注的问题。客服在和客户沟通的过程中，除了自身的表述外，了解客户的回复也很重要。

在价格方面，客户的回应一般分为这几种类型。

（1）果断砍价。

讲价的客户一般是已经选择好商品打算下单付款的，但是对于价格不满意或期望可以降价，所以在支付之前会习惯性地讲价。例如，"能不能便宜？不能便宜的话我去别的地方购买了"。

（2）对比。

客户在购买时往往会对比多家商品或多款商品，经常遇到的询问就是"这两款有什么区别"。此时应告诉客户突出的客户在意的不同点，如"这款更智能，可以连接手机操控""这款更省电""这款容量更大"等。多家店铺商品对比，客户一般会表示为什么其他店商品更便宜，此时可以从质量或服务方面入手回答，比如"我们店一年换新，三年保修"。

（3）恳求。

部分客户讲价方式比较诚恳，有些客户会讲"我还是个学生，老板你就便宜一点吧"等类似的语言，这时候可以根据具体的情况适当回复。

（四）促成交易

客服人员在跟客户沟通的过程中，需要对客户的心理进行掌握。客服人员可以根据实际情况分析客户的心理，进行有针对性的沟通，对客户加以引导，尽量创造轻松自在的氛围，使客户获得愉快的购物体验。

每个年龄阶段，客户的消费心理也是不同的。按照不同的年龄阶段，客户一般表现为不同的心理特点。

1. 青年阶段

青年阶段的客户初步接触社会，消费紧跟时代潮流，对产品的更新换代要求比较高，是网络消费的主力军。他们在咨询前一般有明确指向，购买欲望较强烈，喜欢尝试不同款式的商品。

2. 中年阶段

中年阶段的客户较理性，对网络消费缺乏安全感，会对比电商店铺商品和实体店商品的质量、价格等。在购买商品时考虑周全，咨询详细。

3. 老年阶段

老年阶段的客户较少在电商平台购买商品，更多是在实体商店或委托他人线上购买，消费心理和中年阶段人群相近。

（五）礼貌告别

在客户下单后，客服人员要适时与客户礼貌告别，避免浪费客户的时间，同时还可以提高客服的工作效率。使用艺术的语言进行礼貌告别，可让客户清晰知道交谈即将结束，还可以在告别语中提醒客户收货的大概时间和需要注意的事项，以及其他相关商品的最新优惠信息等。

1. 与未成交客户告别

对于没有立即成交的客户，客服人员可以诚恳地表达为对方提供服务的愉悦心情，并且祝对方购物愉快，还可以加对方为好友，作为潜在客户进行管理和跟进。如果买家表示"再考虑一下"，那么我们应该有礼貌地给买家留出考虑的空间，再加以适当的心理暗示，如"今天有更多优惠""活动即将结束"等；如果停顿10分钟以后，客服人员再次联系，买家还是表示"还没有考虑好"，那么这个买家就暂时先不用跟进，跟得太急可能会导致买家的反感。针对没有成交的顾客，客服要快速回顾一下与顾客的聊天记录，总结经验，分析是哪个环节没有做好导致顾客不满意，如果找到自身失误的原因，可以适时向顾客道歉，并承诺送一些赠品等小礼物进行弥补。

下面是一套未达成订单的欢送语：

> 客服：亲，非常感谢您的光临，很遗憾没能跟您完成这次交易。以后本店不定期地会有促销活动哦，欢迎随时关注我们，再次感谢！
>
> 客服：亲，活动区还有一个优惠套装，您要不要看看？
>
> 买家：好的，我考虑一下。
>
> 客服：嗯嗯，最近在做满减活动呢，您决定后记得联系我们哦。

2. 与成交客户告别

在已经成功交易的情况下，客服人员在告别时加上一些礼貌用语，会给买家留下良好的购物体验，同时礼貌地告别还可以增加客户感情黏度并降低投诉率。当客户付款成功后，客服人员首先要感谢客户的光临，并送上一些祝福话语，委婉提示客户收藏本店、给五星好评、加关注等，欢迎其下次光临。客服还可以添加对方为好友，并做相应的客户分组归类，以便进行管理。

下面是一些常见的已达成订单欢送语：

> 感谢您的惠顾，期待您的再次光临！收到货后如果满意请给予我们 5 分好评，我们重视每一位买家对我们的评价；如果对我们的商品或服务不满意，可以随时和我们联系，我们会服务到您满意为止。

（六）下单发货

1. 修改订单

客户下单后，客服应及时跟客户核对物流信息，如果客户的收件地址发生变化，可以进行订单修改。

2. 订单备注

订单备注是在与客户的沟通中，对客户情况做的简单记录，这些备注店铺其他同事也可以看见。订单上需要备注的内容主要有以下几个方面：

（1）客户的特殊要求（如颜色尺码、合并订单、快递、礼物、改地址 / 收件人 / 电话）应及时备注，并提交发货人员配合处理。

（2）使用方法：商品的功能介绍及使用情况，如体脂秤能不能连接手机，洗衣机有哪些功能等。

（3）注意事项：指商品在使用过程中的注意事项，如电池充多长时间，新冰箱放置后需要静止多长时间，燃气热水器的安装位置等。

（4）活动规则：店铺或平台的活动情况或优惠券使用情况。

（5）系统或账号问题：无法支付、无法购买等情况。

（6）物流配送：快递选择和送货问题等。

二、客户接待注意事项

在线客服售前客服工作相当于实体超市导购员的工作，要做好客户的参谋，帮助客户选择合适的商品。售前客服在工作中应注意以下几点：

1. 礼貌用语

无论是在线沟通还是现实中人与人之间的沟通，礼貌用语的使用都很重要。人们都愿意和有礼貌的人沟通，服务行业更需要注重使用礼貌用语。

2. 态度热情

在和客户沟通时，要注意语气和态度，尽量不要重复一句话，不要显示出不耐烦，时刻做到语气温和，耐心回复客户疑问。同时还要保证客户等待回复的时间，回复过慢容易让客户认为自己没有受到重视。

3. 诚信服务

可能有客服人员认为，客户反正是在网上买东西，我只要把商品卖了就可以了，买回去他再遇到什么问题就是售后的事情了。例如，客户想买燃气灶，告诉了客服厨房留孔尺寸，问他家是否能够安装这款。假如客服随口说可以，那么客户买回去后发现不行要退货，这样就给客户带来了不便。因此，客服人员在和客户沟通时，需要做到如实回答客户问题。

4. 语言专业肯定

客户在购买商品之前往往考虑因素较多，所以咨询的问题较多，加上现在电子商务购物平台很多，竞争激烈，如果客户在咨询时发现客服人员的回复不专业，就很可能会选择另外一家店铺。

三、售前服务常用句式

（一）打招呼

跟买家初次打招呼时要亲切、自然，并表达出卖家的热情，尽量在初步沟通时把产品情况介绍清楚。

Hello, my dear friend. Thank you for your visit to my store, you can find the products you need from my store. If there is anything you need, you can tell us, and we can help you to find the source, please feel free to buy anything! Thanks again.

（二）关于商品细节

示例：一位美国买家告诉卖家她平时穿 US 8 码的连衣裙，想咨询她应该买哪一个尺码，卖家回复她 M 号比较适合。

问题: Hello, seller, I wear US size 8, could you give me some advice on which size I should buy from you？

回答: Hello, dear customer, size M of this dress will fit you pretty well. Please feel free to contact us if you have any other questions. Thanks!

（三）关于价格

1. 关于大量订单询价

问题：Hello, I want to order × × × pieces for this item , how about the price?

回答：Thanks for your inquiry. We cherish this chance to do business with you very much. The order of a single sample product costs $ × × × USD with shipping fees included. If you order × × × pieces in one order , we can offer you the bulk price of × × × USD/piece with free shipping. I look forward to your reply. Regards!

2. 不能满足顾客的出价，能提供小折扣

Dear friend,

How are you today? This is _____.

Thank you for your interests in my item.

Perhaps we can't accept the price you offer. I'm sorry for that. In fact the price is reasonable. We only have a little/low benefit（利润）. But, we are willing to offer you some discounts if you buy more products at one time. If you buy more than 5 products, we will give 5 % discount to you.

If you have any other questions, please tell us.

Have a nice day.

Yours sincerely,

(Seller name or ID)

3. 还价

问题：Hello, I can give 100 dollars. Is it OK?

回答：Thank you for your interest in my item. We are sorry for that we can't offer you that low price you bargained. In fact the price listed is very reasonable and has been carefully calculated and our profit margin is already very limited. However , we'd like to offer you some discount if you purchase more than 5 pieces in one order, × % discount will be given to you. Please let me know if you have any further questions. Thanks!

4. 买家没有 PayPal 账号，想用其他方式付款

Dear friend,

Thank you for your inquiry.

For simplifying the process sake, I suggest that you pay through PayPal. As you know, it always takes at least 2 ~ 3 months to clear international check so that the dealing and shipping time will cost too much time. PayPal is a faster, easier and safer payment method. It is widely used in international online business. Even if you do not want to register a PayPal account, you can still use your credit card to go through PayPal checkout process without any extra steps.

Hope my answer is helpful to you.

Have a nice day.

Yours sincerely,

(Seller name or ID)

5. 关于无法完成付款的原因解答

问题：Why did my payment fail?

回答：If your payment for an order has failed, please check it is not due to the following situations:

（1）Card security code failed;

（2）Insufficient fund;

（3）The credit card type is not that we accept;

（4）Exceed limit;

（5）The 3-D security code failed.

（四）关于税费

问题：Are there any import taxes or customs charges that I need to be aware of if I purchase this and have it shipped to Louisiana in the United States?

回答：Thank you for your inquiry. I understand that you are worrying about any possible extra expense for this item. According to past experience, it did not involve any extra expense at buyer side for similar small or low cost items. Please do not worry about it too much.

However, in some individual cases, buyer might need to take some import taxes or customs charges in import countries. As to specific rates, please consult your local custom office. Appreciate for your understanding.

（五）关于运费

1. 免运费

Dear friend,

How are you today? This is _____.

Thank you for you offer and it will be a great pleasure to do business with you.

You know we have to shoulder（负担）the shipping fees（费用）, thus（因此）the price we have here is already very low and competitive. Hope you can understand.

Have a nice day.

Yours sincerely,

(Seller name or ID)

2. 含运费

Dear friend,

How are you today? This is _____.

Thank you for you offer and it will be a great pleasure to do business with you.

The price we have here is already very low and competitive, so the lowest price we can provide is showed on the list.

Hope you if you have any questions, pleases feel free to ask me.

Have a nice day.

Yours sincerely,

(Seller name or ID)

3. 关于合并运费

示例：当买家一次性购买多件商品时，可能会向卖家提出合并运费的要求，卖家可以通过修改并发送电子发票（invoice）的形式，对买家购买的多件商品只收取一次运费。在电子发票发送成功后，及时告知买家运费已合并，让买家直接通过电子发票进行支付。

问题：Hello, seller, can the shipping fee be paid together as I've bought several items from you? Please send me just in one package, thanks!

回答：Hello, dear customer, thanks for your business!

We have combined the shipping already and only charge you the shipping fee once. You can check the invoice I've just sent to you and please make the payment through the invoice directly. Please feel free to contact us if you have any other questions. Thanks!

（六）关于样品

如果买家希望提供样品，而卖家不支持样品时的回复：

Dear ×,

Thank you for your inquiry. I am happy to contact you. Regarding your request, I am very sorry to inform you that we are not able to offer free samples. To check out our products we recommend ordering just one unit of the product（the price may be a little bit higher than ordering by lot）. Otherwise, you can order the full quantity. We can assure the quality because every piece of our product is carefully examined by our working staff. We believe trustworthiness is the key to a successful business. If you have any further questions, please feel free to contact me.

Best regards,

(Your name)

思考与练习

一、简答题

1. 如何理解品牌定位与品牌价值？

2. 与消费者进行沟通的原则有哪些？

3. 封闭式问题与开放式问题的优缺点分别有哪些？

4. 什么是关联销售？客服人员如何才能促进关联销售？

5.客户接待咨询的流程是什么？

6.针对不同年龄的消费者，应该采取何种销售策略？

二、技能题

小组合作开展训练，选择一款商品，进行内页软文制作，具体要求如下。

（1）根据商品标题优化技巧，给商品写标题，要求符合消费者的消费体验，有利于商品的自然搜索。

（2）写出商品的描述信息，包括商品规格型号、详情描述、使用说明、交易说明及焦点图等。

（3）小组成员收集文案，共同讨论和修改，最终整合成一个完整的内页软文。

模块四

售中沟通与服务

🎯 学习目标

1. 了解售中服务的内容；
2. 熟知订单处理的方法和技巧；
3. 掌握售中过程中与顾客沟通的技巧和策略；
4. 能够针对跨境电商售中常见问题进行原因分析，并提出解决方案；
5. 掌握关联产品的推介技巧，恰当地给顾客推介商品；
6. 熟练运用技巧应对货物在途中遇到的各种情况。

💬 情景描述

小王通过一段时间的学习后，因为思维活跃，工作积极主动，被公司安排做售中客服。他发现售中客服这个岗位充满了挑战性，不仅要帮助顾客跟踪订单信息，还要处理售中遇到的各种麻烦情况，比如：客人下单后未付款，已拍订单缺货，包裹在途丢件，订单延误等。这些事情一件比一件棘手，小王急迫地想知道该如何处理这些问题。

📋 情景分析

你认为小王可以如何解决这些棘手的麻烦呢？请给小王提供有效的建议。

跨境电商售中是指顾客在网上下单后到顾客签收货物的整个过程。售中客服的工作任务是处理订单，包括订单付款前、订单付款后、订单发货前和订单发货后涉及的一系列问题的处理。

在这一过程中，客服人员的沟通与服务尤为重要，因为它体现了卖家的服务质量。良好的服务质量可以降低顾客退货率和投诉率，也能够提高顾客的复购率，给品牌带来积极影响，进而增加卖家的信誉度。

做好售中客服沟通与服务的工作，不仅需要了解企业内部的信息，还要熟知企业外部的情况。企业内部信息包括订单状态管理、订单流转流程、订单流转过程中涉及的人员，以及人员所在部门情况，等等。企业外部情况包括物流、海关、知识产权等方面的知识，同时需要学会分析和判断，掌握多样化的沟通技巧和策略来应对各种问题。

收到订单催促
付款的沟通

任务一　收到订单催促付款的沟通

一、收到订单后的处理流程

网店店主及其客服人员都希望有更多的客户浏览店铺，更希望客户选好商品后，立刻付款完成交易。但是，在跨境电商购物中，客户下单完成之后迟迟不支付的情况普遍存在，这就需要客服人员做好催付工作，去督促顾客尽快完成付款。

事实证明，订单催付可以帮助店铺挽回订单，然而，订单催付是一把"双刃剑"，客服需要根据不同的情形采用恰当的处理方式，才能更好地完成该项工作。首先客服需要了解收到订单后的处理流程，如图 4-1 所示。

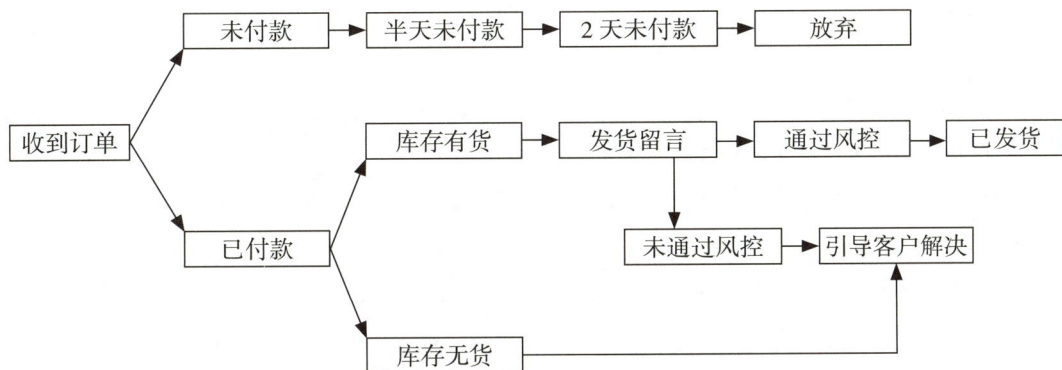

图 4-1　收到客户订单后的处理流程

客服人员要把握好催付时机，根据客户的下单时间来决定催付时机，每次催付后做好标记，对已经付款的订单也要做好标记。客户下单后半天甚至两天没有付款，可以通过站内信或其他聊天工具进行催付。一般情况下，跨境电商客服会在客人下单后 10 ~ 15 分钟内联系客户进行催付。对于超过两天仍然没有支付的订单，可以直接放弃。

对于已付款的订单，如果库存有货并且通过风控，需要及时通知客户订单已经发货；如果没有库存和未通过风控，卖家客服人员需要尽快与客户沟通，引导客户解决问题。

二、客户下单不付款的常见原因

客户群体多样性的特点导致订单未付款原因也是五花八门，所以客服人员时常摸不清楚客户下单但未支付的原因。最好的处理方式就是在首封催付的邮件中询问客户未付款的原因。在实际工作中，常见的原因包括服务原因、支付原因、物流原因和其他原因。

1. 服务原因

（1）议价失败。议价行为在线下实体店交易过程中普遍存在，在线上网购中同样如此。现在很多顾客都希望用最低价格买到好的产品，所以通常都会和客服进行议价，如果商品价格最终没有达到顾客的期望值，他就会选择不付款。

📖 **情景案例** ～～～～～～～～～～～～～～～～～～～～～～～～～～

议价失败

顾客：您好！我很喜欢这件卫衣，但是觉得价格太贵了，请问还有优惠吗？

客服：这款卫衣是我们店的热销款式哦。

顾客：能给一点的折扣吗？

客服：抱歉，没有折扣。

🔍 **分析**

　　本案例中顾客希望价格能优惠点，客服通过介绍商品的款式深受很多顾客的喜爱，来间接表示定价能够被多数人接受。当客人再次询问是否有折扣，客服的回答比较生硬，导致最终议价失败。

　　（2）缺乏对品牌的信任。有时候客户对品牌缺乏了解和信任，下了订单之后对商品产生疑虑和担心，因此支付订单时犹豫不决。

　　（3）服务不佳。客服人员的响应速度、态度、语气以及说话方式都会影响顾客的购物体验，从而影响订单支付。

2. 支付原因

　　（1）买家不会操作付款，可能客户是新手首次购物，不会使用付款工具。

　　（2）付款账户余额不足。

　　（3）支付密码以及银行卡问题。

　　（4）网络不流畅。

3. 物流原因

　　（1）商铺提供的快递方式不能到达客户所在地。

　　（2）商家与顾客指定的快递公司没有合作。

　　（3）运费太高或者商品不包邮。

　　（4）运输时间太长，顾客不愿意等。

4. 其他原因

　　客户也会因为所购买商品款式不合适、颜色不喜欢、尺码不合适等主观原因而放弃支付。

　　由此可见，导致买家不付款的原因有很多，因此，我们首先要分析导致订单未完成支付的是客观原因还是主观原因，进而采用不同的解决办法。如果是支付、物流等客观原因，客服人员可以给顾客提供相应的帮助服务，一般都能得到解决；如果是主观上的原因不想支付，需要问清楚真实原因，再"见招拆招"地引导顾客支付。

三、订单催付的策略

　　买家下单之后迟迟未付款，需要客服尽快进行订单催付。如果催付不及时，将导致订单流失，因此，对于未付款的订单，卖家应通过聊天工具或邮件与买家联系，以确保订单顺利地进入后续环节。

1. 适时提醒买家付款

　　买家下单后但未及时付款，卖家可以发消息提醒顾客若有尺码、价格、运费等相关问题，或需要其他的帮助可以与客服联系，同时提醒顾客付款后就立即安排发货。

情景案例

提醒付款

客服：顾客，您好！我们收到了您的紫色连帽衫订单，但订单还未支付。如果您对这款连帽衫的价格、尺寸或者其他细节有任何疑问，请与我们联系，谢谢！

客人：你好！我喜欢这款连帽衫，但是我感觉现在买这件衣服时间太早了，现在还是夏季。

客服：顾客，您好！这款连帽衫是我们的热销产品，目前只剩下20件紫色。在此通知您，此商品有很快售罄的风险。自您购买到收到该商品，可能需要30天，所以现在还不算早。如果您喜欢这款连帽衫，我建议您现在付款。

分析

本案例中客服询问客人是否遇到什么问题导致订单没有支付成功，主动表示愿意提供帮助。经询问后发现是因为客人觉得现在购买连帽衫的时间过早，所以很犹豫，但表示喜欢该款商品。

根据客服回复内容，我们可以看到该客服通过三点技巧来劝说顾客付款：

（1）强调商品款式好，客服说这款连帽衫是店里的热销款，暗示客人这款商品深受很多人喜欢；

（2）制造急迫感，客服说这款紫色连帽衫目前只剩20件了，暗示客人如果再不支付，可能就被别的顾客买走了；

（3）打消客人顾虑，客人认为现在购买该款连帽衫太早了，客服说这款衣服的运输时间需要30天，等收到货后，时间就比较合适。

从这个案例中可以学习到该客服先是通过邮件了解到顾客未付款的真实原因，然后再采用相关策略有针对性地回复顾客，完成订单的顺利催付。

想一想

假设你是某公司的速卖通客服，客人 Ms.Susan 在你负责的店铺里面订购了一件白色短袖衬衫但是未支付，询问原因后了解到她觉得夏季马上要结束了，不太想买了。你会怎么跟该客人沟通呢？

2. 下单后已经过去了半天未付款的情况

对于半天内未付款的订单，顾客可能因为对品牌的信任度还不够，处于犹豫时期。此时可以给顾客说明一下订购的产品有什么特点，用1~2句话概括即可，以增强顾客对商品的信任度，比如：可以说明该商品是非常畅销的产品，产品的质量好，设计别出心裁，功能性很强，等等。

3. 下单后2天未付款的情况

客户下单已经过去2天了，但还没有付款，且之前发的邮件也没有回复，可能客户还在货比三家。此时可以告诉客户商品的定价已经很低了而且利润很薄，不过，为了赢得他这位顾客，愿意给予一定的折扣达成交易。如果顾客依旧不回复邮件也不支付，就可以放弃这个订单了。

4.提醒客户商品即将售罄，请尽快付款

特别是在大促活动时期，商品售罄的情况时有发生，为了避免因断货让顾客无法购买到自己心仪的商品，可以提醒顾客该商品的库存量不多，要尽快完成付款，否则有可能会断货。

5.提醒客户商品活动即将结束

如果促销活动即将结束，但是买家迟迟没有完成付款，可以提醒顾客尽快完成付款以免错过优惠活动的时间，导致无法享受优惠活动。

四、订单催促付款的原则

虽然网上购物见不到顾客本人，但是顾客也是人，是有情感的人，因此，我们在做订单催付工作时，需要考虑顾客的感受进行催付。

1.有已付款订单不催付

对于有已付款订单的客户不要催，比如一个客户在店铺同时拍下了两个宝贝，其中一个已经付款，另外一个没付款，这样的用户就无须催付。

2.避免"催"的感受

虽然是催促顾客完成付款，但是在实际沟通过程中需要注意不要出现"催"的感觉，更不能使用强硬的语气，以免引起顾客的反感。要采用善意的因素来影响顾客，将"催"的过程转变成帮助顾客解决问题，消除顾客的疑虑，这样才能让顾客放心购买。

3.催促不能太频繁

客服人员在催促客人付款时，一定要注意催促频率，避免重复催付。对于已经催付过的用户，不要再发催付信息，需要留够时间让顾客去解决遇到的问题。过于频繁的催付，会引起顾客反感的情绪，不利于订单的顺利支付。

✎ 练一练

假设你在速卖通上经营了一家卖饰品的店铺，顾客 Ms.Helen 订购了一对耳环但是未付款，已经过去 20 分钟了，请问你是否要催付呢？如果要催付，该怎么与客人沟通呢？

任务二　买方付款后的其他情况处理

买方付款后的其他情况处理

一、客人完成付款后的订单处理流程

当订单完成支付后，会在企业内部的各个部门开始流转，主要会涉及客服部、采购部、物流部三个部门。这三个部门的工作人员需要操作订单，当然还有外部的供应

商参与。图 4-2 是公司的订单处理流程：

图 4-2　公司的订单处理流程

客人在完成支付后，并不意味着马上就可以进入备货和发货环节，订单可能还会遇到其他的情况。常见的问题有缺货和未通过风控，这些问题都需要客服与顾客沟通并解决。订单完成付款后的情况处理如图 4-3 所示。

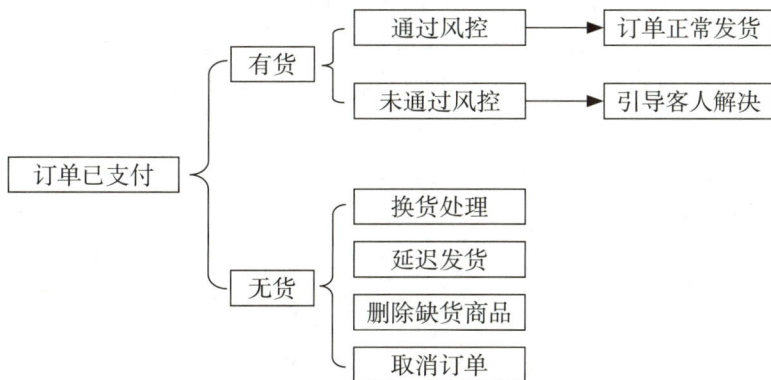

图 4-3　订单完成付款后的情况处理

二、不同情形下的处理方法

订单完成支付后，供应商或者库存管理人员会核实商品是否有货，根据商品的库存情况再对订单进行下一步处理。

（一）库存无货情况处理

由于跨境电商现在还处于发展阶段，整个供应链系统还不够先进和完善，无法做到商品库存信息的实时更新，更多时候是到供应商后台系统手动修改商品相关信息，因此存在信息更新滞后的情况。例如：某供应商盘点库存时发现某款衣服的一个尺码缺货了，当他再去后台操作下架时，可能在这个过程中客人已经下单了。这种情况的发生是很常见的，所以订单缺货处理是客服日常工作中时常会遇到的问题之一。

1. 订单缺货处理方法

对于缺货订单，通常有四种处理方式，包括换货处理、延迟发货、删除缺货商品和取消订单，这四种方式对卖方的影响依次从弱到强递增。

（1）换货处理。

客服在做换货处理时，需要根据不同情况采用不同的处理方法，假设顾客购买的某款商品的某种颜色缺货，可以向客人推荐该商品的其他颜色；如果顾客订购的某款商品售罄，可以给客人推荐相似款，最好推荐 3 ~ 5 款类似商品，而且推荐的商品与缺货商品的售价尽量相等。

📖 情景案例

换货处理沟通

心语店铺的某顾客购买了一条白色连衣裙，已经完成了支付。当采购订单下发到供应商后发现该款连衣裙已经没有货了，而且因为换季，也不会再补货了。

客服：亲爱的顾客，您好！我们非常抱歉地通知您：您在本店购买的白色连衣裙因为太热销了，现在已经断货，您看我们能给您推荐其他的款式吗？

客人：我很喜欢这款连衣裙，能不能再补货呢？

客服：顾客，您好！因为这款连衣裙是夏季商品，马上要进入秋冬季节了，厂家不生产了，非常地抱歉！我们给您推荐几款类似的热销连衣裙，您看有喜欢的吗？

客人：推荐的这款白色的裙子有货吗？

客服：顾客，您好！给您推荐的几款库存都非常充足。

客人：价格能便宜一点吗？

客服：顾客，您好！由于我们这边缺货给您带来了麻烦，经公司商议后给您 5 美金的优惠券。如果您喜欢这款裙子，建议您尽快下单，我们可以立即安排发货给您，谢谢！

🔍 分析

买方付款后，卖方发现该商品缺货没法正常安排发货，经了解发现这款商品全部断货，而且供应商也不会补货。客服立即告知客人订单缺货，并且向客人表达了歉意，并解释了原因，也提出了换货解决方案。

与客人沟通后发现对方还是希望购买裙子，并询问是否补货，客服明确告诉客人不会再补货了的原因，同时把推荐的类似商品发给了顾客，并且提到推荐的商品库存充足，消除客人的顾虑，又赠送优惠券作为补偿，成功挽回了该顾客。

我们在处理缺货的问题时，首先要尽快并且如实地告知客人订单缺货，同时提出解决方案，根据客人的回复判断客人的需求，再有针对性地回复客人，解决问题的同时满足对方的需求，这样才能尽最大可能挽留住顾客。

（2）延迟发货。

上文我们介绍了订单缺货并且不再补货的情况。而有时候商品只是暂时缺货，后期还会补货，这种情况就可以与顾客协商延长备货期，延迟发货时间。延长备货期就会涉及具体延长时间，这个需要客服与采购人员沟通了解供应商的新的备货期，然后再跟客服沟通协商。

情景案例

延时发货沟通

心语店铺的某位客人下单购买了一件卫衣，已完成付款。供应商收到订单后发现卫衣没有库存了，商品正在生产中，还需要7天的时间，于是在订单上面标记了暂时缺货。

客服：亲爱的顾客，您好！我们深感抱歉地通知您，您购买的卫衣由于太热销现在暂时缺货了，但工厂正在加紧生产。订单无法按约定的时间到货，请问您愿意再等等吗？

客人：请问需要再等多长时间呢？我想尽快收到我的商品。

客服：顾客，您好！大概还需要等待1周的时间呢。

客人：我很喜欢这款卫衣，希望尽快收到。

客服：顾客，您好！1周时间很快就到了，如果您愿意再等等，货物一旦到仓库我们优先安排给您发货。非常抱歉给您带来了不便，希望您能谅解。

客人：好的。请优先安排我的订单。

分析

客服遇到订单缺货情况时，先了解了商品的缺货原因，思考清楚了解决办法后，立即如实告知顾客商品缺货，也说明了商品是暂时性缺货，工厂正在加紧生产，希望顾客能同意延迟发货时间。客服人员提前得知该商品还需要1周的备货期，并如实给客人做了说明。客人在回复中一直不停地强调希望尽快收到商品，可以看出他想要该商品也愿意等待，这时客服根据他的需求，答应货物一旦到仓库就优先帮他安排发货。

（3）删除缺货商品。

很多时候客人下的订单里面不只是一款商品，可能会有多款商品，这意味着一个订单会包含多个商品。时常会遇到一个订单里面某一款商品缺货，而其他商品有货的情况，如果顾客拒绝换货、延长发货等办法，客服就可以与客人沟通商量删除缺货商品，其他商品正常发货。

（4）取消订单。

取消订单也是缺货处理的办法之一，但订单取消是卖家最不希望发生的情况。当客服人员与顾客沟通的众多方案都被顾客拒绝时，在这样的情况下，商家也只能通过取消订单的办法处理缺货问题。

2. 缺货订单处理要点

客服人员在处理缺货订单的时候，除了谨言慎行外，还需要机智灵活地应对客人提出的各种问题，俗称"见招拆招"，这样才能尽可能地减少缺货造成的影响。

（1）了解缺货商品的情况。由于客服人员不会直接接触供应商，因此需要找到缺货商品对应的采购人员，了解商品缺货的情况，是暂时性缺货还是永久性缺货。建议与采购人员协商如何处理缺货的商品。

（2）确定沟通策略。根据与采购员协商的处理结果，同时预判客人会做怎样的回复，针对性地给出多个应对策略。如果暂时缺货可以与客人协商延迟备货期，或者删除缺货订单，永久性缺货可以推荐换货，总之根据不同的情况采用对公司影响较小的处理方式。

（3）尽快通知客人。得知订单缺货，客服人员需要第一时间告知客人，并说明缺货的真实原因，通常情况下缺货都是因为没有准确地预估销量情况，因而备货不足。在回复消息时，我们通常会说："因为该款商品太热销，所以商品现已售罄。"

（4）表达歉意礼貌沟通。订单缺货引起的纠纷归根结底是卖方造成的，所以在这个过程中客服首先要表达歉意，需要放低姿态与顾客沟通和协商，本着解决问题的目标，尽可能地缓解顾客不满意的情绪。

（二）商品有货但资金未通过风控审核

目前，跨境电商平台支持客户的支付方式主要有信用卡、借记卡、西联汇款、PayPal以及平台自己的支付产品等。这些支付方式对于卖家而言，存在一定的风险，因此，跨境电商平台都会单独成立一个部门审核订单的资金交易，对于存在交易风险的订单，审核部门会判定为风险订单，订单则会被标记为未通过风控审核。由于跨境平台的技术水平的提升，现在大多数审核是通过系统自动判定的。

当买家的订单被判定为风险订单后，客服应当及时给买家留言，并且告知他需要重新下订单，并用其他的支付方式付款，尽量留住客户。

（三）商品有货且通过风控审核

订单通过风控部门审核后，且货物有库存，订单就可以正常进入下面的备货和发货环节。为了减少后期在运输过程中的问题，客服人员需要与顾客提前沟通订单事宜。

首先，跟买家确认收货地址和电话是否正确；其次，为了避免通关可能出现的麻烦，还需事先与顾客确认报关单上的商品名称和货值，以免出现实物与物品名称不一致，特别容易出差错的是英译错误和俗名译读错误的问题；最后，可以对买家说明商品的质量和检查事项，请顾客放心购买。

（四）买方付款后修改订单信息

顾客付款后，发起修改订单信息的需求，是很常见的事情。订单信息包括商品颜色、尺寸、数量、地址以及联系方式等。大多数跨境电商平台是不支持客人修改订单信息的，如果顾客执意要修改，只能与客人沟通让其取消订单，重新下单。但有一种特殊的平台，就是独立站，独立站是卖方自己搭建的网站，掌握独立的运营权力，可以帮助客人修改订单信息。

值得注意的是，修改订单之前需要弄清楚订单目前的状态，通常分两种情况：订单付款但未发货和订单付款已发货。

订单付款但未发货，这种情况客服可以让顾客提供正确的信息，然后帮助修改订单，这时客服需要反复确认提供的信息的准确性。订单付款已发货，这种情况就没办法进行修改了，需要对客人说明原因，并安抚客人的情绪。在实际操作中，有的卖家为避免产生纠纷，会拦截并退回商品，但这实属无奈之举。

✏️ **做一做**

1. 心语店铺收到的一个订单里面包含一条黑色牛仔裤、一件蓝色格子衬衫和一顶蓝色帽子，该订单已完成付款。随后发现其他商品都有货，蓝色帽子已经缺货，采购员反馈说供应商不会再生产。假设你是心语店铺的客服人员，请作出回复。

2. 某顾客在亚马逊平台下单购买了一条红色礼服裙并完成付款之后，又通过后台给客服发了一封邮件说想把红色改成白色。假设你是亚马逊卖家客服人员，请回复客人。

任务三　货物途中可能遇到的情况处理

货物途中可能
遇到的情况处理

国际物流由于有着距离长、时间长、环节多等特点，因此，在运输过程中难免会遇到各种问题，常见的情况处理如下。

一、货物丢失或破损处理

在国际运输中，运输方式包括海运、陆运和空运等运输方式，在运输过程中难免会遇到货物丢件的情况。无论是买方还是卖方发现货物丢件或破损了，都应当尽快沟通，商讨解决办法。传统的大宗型商品如果在途中发生了丢件情况，通常依据事先约定好的贸易术语条款进行责任划分，判定由谁来承担该责任。

在主流跨境电商平台上从事经营活动的卖家大多数都是销售小件商品的，一般采用正规的物流公司进行运输，因而发生丢件的情况相对较少。多数情况都是客人发现丢件，然后联系卖家，卖家再做处理。

如果发生丢件或破损的情况，卖方的客服都会先与客人沟通，根据客人的回复进行判断再做处理。由于平台上大多数常规商品的货值并不高，卖方为了提升购物体验，一般都会给客人安排重新补发，或者取消订单。对于货值很高的商品，卖家通常会购买保险，如果货物丢件或破损就可以直接找物流公司进行赔付。

如果发现包裹破损，里面的货物没有缺失或损坏，通常情况下客人都会告知客服，客服则需要了解破损的原因，然后跟客人做沟通和解释工作，适当地给客人补发优惠券进行安抚处理。

二、变更快递方式处理

有时候买家想尽快顺利地收到货物，会发起变更快递需求，或者因为其他特殊原因需要更换快递，此时客服需要与买家沟通，并把更换后的包裹订单号及时告知给买家。

查验货物是海关对进出口货物监管的重要手段，货物交给货运公司后，海关会对货物进行查验，海关会根据自己的经验结合当时的一些政策要求对一些敏感性物品进行抽查，比如有商业专利商品、国内严禁出口商品、涉及国际安全的商品、防疫商品等，主要检查货物的品名、数量、申报货值等信息跟报关的资料是否一致。货运公司收到要发出去的包裹后，会对物品进行查验，检查通常是执行海关的标准。

如果遇到货物查验不合格的情况，客服人员需要立刻联系客人沟通该货物目前所遇到的情况，然后提出解决办法，并和客人商讨解决方案，最后达成一致。一般有两种处理方式：一是更换物流通道，但需要客人支付运费差价；二是取消订单，采用这种方式一般都是因为没有与客人达成上述解决方案。

📖 情景案例

更换物流通道

某售卖门禁系统的卖家，有一个发往卢旺达的包裹，经物流公司查验发现该包裹里面有涉嫌品牌 HID 的产品，物流公司表示不承接该产品的运输，除非品牌持有者授权。目前物流公司已联系卖家准备把包裹作退回处理。但之前买家已经在后台查看到了该包裹的物流信息。

客服：顾客，您好！我们很抱歉地告诉您，因为您购买的门禁产品涉及 HID 品牌的专利，所以承运物流公司不接受该物品的运输。现在我们联系了其他的货运公司，可以从香港转运，但需要再支付 15 美金的运费，您看可以吗？

客人：我愿意支付 15 美金，请问该怎么付款呢？

客服：好的，我来修改一下订单，请稍等。

客服：您点击这个链接完成支付就可以了。

客人：好的。

💭 分析

本案例中，某公司运输的产品里面涉及专利问题，承运物流公司拒绝该货物的运送，并联系卖家要求退还该物品。卖家收到物流公司发的邮件立刻联系了买方，并说明了原因，同时提出了更换物流通道的建议方案，客人也同意再支付 15 美元的运费，该问题得到了很好的解决。事实上最好的办法是，卖家所销售的产品是自主品牌或经授权的产品，这样就能避免此类问题的发生。

✏️ 做一做

德信公司是做工具类产品的外贸公司，在亚马逊平台上开设了一家店铺。近日收到亚马逊平台方通知，该店铺售卖的一款旋转锉商品属于医疗器械产品，需要持相关医疗卫生许可证才能进行销售，因此平台方下架了旋转锉商品，但刚好顾客下了一笔订单。但是该公司只是一个外贸销售公司，不具备销售医疗器械的资格。假设你是该公司的客服，你会怎么去跟客户沟通呢？

三、物流信息更新不及时处理

货物一旦发出，客人因为迫切希望尽早收到货物，会特别关注物流的进展情况，往往会主动查询物流信息。如果物流信息更新不及时，客人因为比较着急通常会主动发起询问，这时客服人员应当帮助客人查询物流情况，并安抚客人请他耐心等待。

四、货物长时间在途以致订单延时，仍然未妥投

到达预计收货时间，但货物仍然在途运输，没有完成妥投，这容易引起客户的不满。此时需要主动联系客户沟通货物目前的运输情况，并且告诉买家会延长他的收货时间，同时也可以告知客户，如果后期仍然未收到货，会安排重新补发或者退全款。未妥投处理流程如图4-4所示。

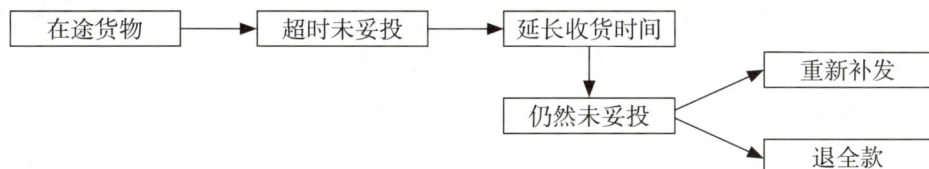

图 4-4　货物未妥投处理流程

做一做
请收集处理以下货物在途问题的常用句型，并填入表4-1。

表 4-1　常用句型收集 1

货物在途问题	常用句型
丢件重新补发	
变更物流通道	
物流信息未更新	
货物长时间未妥投	

任务四　货运相关进展情况处理

货运相关进展情况处理

一、货物发出后，卖家提供服务支持的物流跟踪环节

跨国远距离运输是跨境电商行业最大特点之一，也是比较难控制的一个环节，这个环节会受很多不可控的因素影响，比如天气因素、物流因素等。国际物流是连接卖

家和顾客的一个纽带，它不仅影响买家的购物体验，而且影响用户的复购率与忠诚度。

货物在运输过程中，会涉及海关、国检、国际船舶代理、国际海运、外汇管理、税务等众多部门，由于受各种政策影响造成了出口的复杂性，从而带来了各种问题，因此，需要客服人员与客人及时沟通并提供服务支持。图4-5所示是卖家在物流追踪过程中提供的服务支持环节。

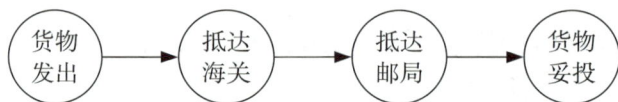

图4-5　卖家提供的服务支持的物流追踪环节

二、货运相关进展沟通与处理

在货物运输过程中客服应当把货物的进展情况告知给买家，让买家感受到他的货物被时刻关注着，可以给买家带来一种很贴心的感觉。

1. 通知发货

由于跨境电商物流的特殊性，顾客收货的时间通常都很长，但顾客又特别希望能早日收到货物。为了提升购物体验，通常在货物发出时会告知买家相关的物流信息。

由于订单处理还需要历经几个环节，通常需要1~3个工作日才能更新物流信息，因此，货物一旦发出，客服最好尽快地告知顾客已发货，发货后第一时间填写物流单号，并联系买家告知物流运输情况，如运输单号、物流查询网址以及大致需要的物流时间。

2. 货物抵达海关

货物抵达海关后，可以通过邮件的形式提醒买家关注包裹的动态，确保买家能够及时收到货物。

邮件内容应包括货物抵达海关的时间、货物的快递单号、快递单号查询的网站地址，也可以在邮件中告知顾客预计的正常收货时间。此外，有必要向买家说明货物清关检查需要一定的时间，请买家理解。

3. 货物到达邮局

当货物顺利到达邮局时，客服可以通知买家准备收货，提醒买家关注配送信息。如果遇到送货延误，可以主动与邮局联系。

沟通内容可以说明包裹现在已到哪个邮局，把货物的快递单号以及查询网站地址一并发送给买家。此外，希望买家能够给一个积极的好评。

4. 货物妥投

当货物妥投就意味着物流服务基本完成了。为了给顾客留下好的印象，提升购物体验，可以给客户留言表达对他的关心。

货物妥投后，客服可以通过邮件或者及时通给顾客发消息询问收到的货物是否完好，对于服务是否满意，等等。并告知顾客如果对于货物有什么疑问或者问题，请及时联系，并表示会协助解决问题。最后，请顾客给店铺给一个五星好评，期待他下次光临。

✏️ **做一做**

请收集货物相关进展的沟通常用句型，并填入表 4-2。

表 4-2　常用句型收集 2

货物相关进展	常用句型
货物已发出提醒	
货物抵达海关提醒	
货物抵达邮局提醒	
货物妥投	

任务五　相关产品推介

一、产品推介内容

产品成功推介是提升店铺销量的一种方法。实际上，产品推荐是一个动态的过程，不仅可以在售前给客人推荐产品，售中同样也可以，甚至在整个服务过程中都有这样的推介机会。图 4-6 所示是关联产品推荐的相关内容。

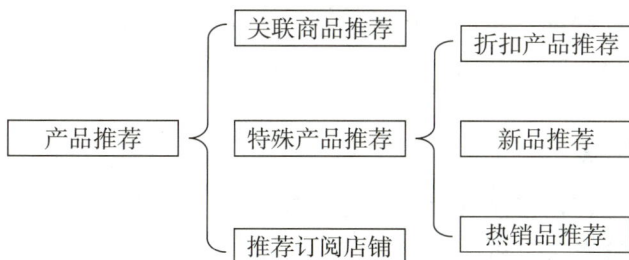

图 4-6　关联产品推荐的相关内容

目前，跨境电商的流量获取难且成本高，因此我们要利用宝贵的流量抓住营销机会，提高店铺的转化率。售中客服在做商品关联推荐的工作时，如果客人不满意选购的商品，可以给他推荐其他相关联的产品，对于已经购买商品的客户，可以对他进行二次营销，引导其下单。无论是新客户还是老客户，我们都可以给他们推荐折扣产品、新品和热销品等特殊产品；同时建议客户订阅店铺，这样方便他获取更多店铺信息，如新品上新、节日促销和折扣产品等信息。

📖 **情景案例**

推荐订阅店铺

客服：顾客，您好！您购买的运动鞋已经发货了，请注意查收。如果您还有什么疑问，请随时与我们联系，谢谢！

客人：请问这款黄色大衣什么时候有活动呢？

客服：顾客，您好！目前还不清楚呢，建议您订阅我们店铺，这样就可以接收到我们店铺的所有活动信息。

客人：怎么订阅呢？

客服：您打开这个网页，会自动弹出订阅页面，您点击一下订阅按钮即可。这样，您可以在邮箱中查看活动信息啦。

🔍 **分析**

本案例是借提醒顾客发货的机会，引导顾客提出问题，这时顾客抛出她潜在关心的商品，客服人员顺势抓住机会向客人推荐订阅店铺，并且告知顾客订阅店铺的方法以及如何查看订阅信息。

二、关联产品推荐的原则

虽然很多跨境电商平台会根据算法自动关联营销，或者由卖家的运营人员设置关联营销，但是这些都无法做到面面俱到的精准营销。客服是面向顾客的一线人员，有先天的优势能直接接触顾客从而收集到一手的数据，为店铺做好运营工作提供了数据支撑。因此，客服人员需要掌握以下关联产品的推荐原则。

1. 产品页的展示和推送

网店客服向顾客推送产品的方式就是发送产品链接，客人点击链接进入产品展示页面进一步了解产品更多信息，这时客服也可以运用自己的产品知识，向其介绍商品的卖点。

2. 分析用户的需求

在做关联推介前，首先需要对顾客进行分析，分析顾客群体的特征、偏好，在沟通过程中了解他比较关注的问题以及他真实的需求，以便于更好地做产品推介工作。

3. 产品搭配以及价格组合

在确定顾客的真实需求之后，就可以为顾客匹配产品，尽量选择高定价策略的产品，因为这样才能让顾客感受到组合销售带来的实惠，从而愿意买单。

4. 组合营销设计

线下实体店门口经常有竖立的促销广告牌，例如：买一送一，满100减20，全场7折优惠，换季清仓处理，积分兑换，等等。实际上，在线上网店同样如此。

线下客户能够触摸到实物，它带给客户的感知度要高于线上虚拟图片带来的感知度，所以我们在做活动时需要遵守相应的原则。首先，优惠活动容易实现，没有复杂的流程，最好立即兑现；其次，让顾客能够感受到优惠的力度，比如买一送一，充100送50。

📖 情景案例

　　某独立站公司为了提升用户的活跃度，营销人员策划了一期活动，活动主题是"打游戏，送礼包"，该款游戏是请专业的游戏公司设计的，一共有10关，打通关后可以获得一份大礼包，礼包里面有数张免邮券和免单券。刚推出时，吸引了一些用户来参加，但是没有几个人能打通关，最后还收到顾客的抱怨。

　　后来，公司对该款游戏做了优化，又邀请客户参加，来参加的人寥寥无几。

✏️ 想一想

该公司的活动策划为何最后都吸引不到用户来参与呢？

三、关联销售的策略

　　推荐关联产品时最重要的是找到商品之间的共性。客服需要根据顾客前期咨询的产品或者已购买的产品来寻找共性产品，力争做到精准推荐。以下是关联销售的策略。

1. 替代关联

　　替代关联是指主推产品或已下单产品与关联产品可以相互替代，比如，羽绒服的替代关联产品就是其他款式或颜色的羽绒服。有时候会遇到顾客下单之后又觉得买的商品不喜欢了，这时候建议客服抓住机会给客人推荐其他替代产品，增加下单的概率。

📖 情景案例

替代关联商品推荐

　　客服：顾客，您好！我们收到了您的羽绒服订单，但订单还未支付。如果您对于这款衣服的价格、尺寸或者其他有任何疑问，请与我们联系，谢谢！

　　客人：我好像不太喜欢这个颜色。

　　客服：顾客，您好！您这款羽绒服除了您买的蓝色以外，还有白色、黑色、黄色和绿色。我把图片都发给您看看，您可以再挑选一下。

　　客人：好的。

💡 分析

　　本案例客服通过催付的机会，了解到顾客不付款是因为颜色不喜欢，就给客人推荐其他的颜色，来挽留顾客。

2. 互补关联

　　互补关系是指主推商品或已下单的商品与搭配的商品之间有直接的联系。比如，顾客购买的是一条牛仔裤，则可以推荐相搭配的衬衣和T恤等同场景商品，如图4-7所示。

图 4-7　互补关联搭配

3. 潜在关联

潜在关联是指商品之间存在潜在的互补关系，通常多类目产品的店铺会采用这样的一种推荐方式，例如：顾客在该店铺购买一件泳衣，则可以给他推荐泳帽、泳镜和其他游泳装备。但在给顾客做潜在关联产品推荐时，客服需要根据买家的需求进行推荐，切勿贸然推荐，不然会引起顾客的反感。

✏️ **做一做**

假设你在速卖通上经营了一家销售服装的店铺，某位客人订购了两件不同款式的衬衣，如果再买一件其他任何产品就可以享受 7 折的优惠，你会怎么跟顾客沟通呢？

发货前的特殊订单处理

任务六　发货前的特殊订单处理

客人下单之后可能会询问物流、关税、支付等方面的问题，客服需要及时回复客人，遇到不清楚的情况应及时向主管寻求帮助。另外，有些订单无法包邮或者直邮，这时候需要通过即时通或者邮件向顾客说明清楚，并且提出解决方案，最后与顾客达成一致。

一、无法使用邮政小包情况处理

无论是独立站还是跨境平台的商家，如果经营的商品重量轻且体积小，多数都会采用邮政小包这样的运输方式，比如：服装类、鞋子类、美妆类和小工具类等商品。

1. 邮政小包的特点

（1）价格便宜。中国邮政小包同新加坡小包和香港小包相比较价格实惠，与其他国际快递如 DHL，UPS，TNT，FEDEX 比较价格优势极大，中国邮政小包邮费最低 8 元。

（2）运输安全。中国邮政小包提供打包加固服务，这样能最大限度保障货物的安全性，降低丢包概率。此外，货物交给邮局处理完成后，便可以在网上查询快递信息。

（3）计费方式统一。所有货物都是按照货物的重量计费，重量不大于 2kg/ 票，这样大大提升了费用核算的效率，也方便成本商家控制成本。

（4）清关能力强。邮政小包享有海关、航空运输等方面优先处理权，因此大大提升了效率，缩短了客户收货周期。

（5）地域广。邮政小包遍布全球，覆盖区域广，并且可以连通到全球任何一个邮政网点。

✎ **做一做**

请列举出其他的国际快递，并说明其特点，填入表 4-3 中。

表 4-3　国际快递的特点

国际快递名称	特点

2. 订单超重导致无法提供免邮服务

得益于邮政小包价格便宜，eBay、亚马逊、AliExpress 等平台的卖家经常会推出小包包邮的促销手段来吸引买家下单。但是，有时候买家一次性买了很多商品，如果商品的总重量超过了 2kg，就无法提供小包免邮的服务。

在这种情况下，客服需要给买家解释原因，并且提供相应的解决办法。首先告知由于买家一次性购买的商品太多导致重量超重，建议买家将一个订单拆分成多个小于2kg 的订单，或者推荐买家使用其他的快递方式，说明采用其他快递方式的好处。

Sample 1:

Dear ×,

Unfortunately, free shipping for this item is unavailable. I am sorry for the confusion Free Shipping is only for packages weighing less than 2kg, which can be shipped via China Post Air Mail. However, the item you would like to purchase weighs more than 2kg. You can either choose another express carrier, such as UPS or DHL (which will include shipping fees, but which are also much faster) .You can place the order separately; making sure each order weighs less than 2kg, to take advantage of free shipping.

If you have any further questions, please feel free to contact me.

Best Regards.

译文: 亲爱的×, 非常遗憾, 您的这笔订单是不可以免费送货的。只有重量小于2kg的包裹才可以包邮, 通过中国邮政航空邮件发运。然而, 您购买的这笔订单的重量超过2kg,您可以选择另一个物流公司, 如UPS或DHL(其中包括运输费但这也很快)。您可以把订单分开, 确保每个订单的重量小于2kg, 就可以包邮了。

如果您有任何进一步的问题, 请随时联系我。

最好的问候。

二、没有直航货机，需要中转情况处理

跨境平台上的客户来自全世界范围, 有些小国家由于地理位置关系或者经济原因, 没有直达的航班, 这种情况下客服需要提前了解相关国际运输情况, 并且及时与顾客沟通。

遇到这种情况, 客服需要先解释原因, 说明我们国家和他所在国之间没有直航货机, 他的货物需要到哪个国家进行中转。最重要的是, 给客户说明这个中转时长是多久, 预计多久他能够收到货物, 让他有个心理预期, 并请客户理解。

三、咨询海关收税情况处理

跨境电商是我们国家重点扶持的产业, 因此, 跨境电商卖家享受了很多免税政策支持, 此外我国与其他多个国家也签订了合作协议, 享受了多项税收优惠政策。但还是会遇到一些不清楚政策的顾客询问关税的事情,需要售中客服给买家提供说明服务。

有些买家会担心货物到达海关后会再支付一笔费用, 通常客服可以给买家解释说明两种情况: 第一种常规情况, 大多数国家是不涉及额外费用的, 如果涉及也非常少; 第二种特殊情况, 有时候顾客购买的物品尽管很小, 但仍需要他支付一定的费用, 但是这种情况极少。如果遇到特殊情况, 关于税率问题需要买家自己去咨询当地海关。

四、无法向所在国发货情况处理

有些国家由于一些特殊的原因, 比如: 战争、自然灾害以及疫情等情况, 快递无法发往顾客所在国家。遇到这种情况, 客服需要及时与顾客沟通, 并提出解决办法。

如果遇到货物无法送达顾客所在国家, 可以建议顾客把收货地址改为邻国或者其他国家。如果没有商议好解决办法, 需要退全款给顾客。

五、订单合并支付情况处理

有些时候买家因对平台操作不流畅或者其他原因, 在同一时刻下了两个不同的订单, 且收货信息都是一样的, 这样的订单可以合并支付, 合并成一个包裹发给客人。

如果遇到这种情况, 客服可以和买家沟通, 请他合并支付, 并且告诉他合并的好处, 比如: 一个包裹就可以收到所有的物品, 不用收货两次。

✎ 做一做
请收集发货前特殊订单处理时的常用句型，并填入表 4-4。

表 4-4　常用句型收集 3

特殊订单处理	常用句型
订单超重无法包邮	
包裹需要中转	
无法向所在国发货	
海关不收关税	
建议合单支付	

任务七　特定情况下包裹延误处理

一、可预测的延误情况处理

可预测的邮递延误的典型情况就是节假日，特别是春节。我们都知道春节期间，我国的快递公司基本都会放假，就会导致货物无法正常运输。但是，卖家能够提前得知放假的时间，属于可控的情况。

因此，在春节放假前期，卖家通常需要做两项工作：一是在放假前提前把能够发出的订单都发出去；二是延长货物的备货期，以避免延期。如果有海外仓或者亚马逊FBA 的商品，需要确保商品的库存量充足。卖家也可以选择在春节期间把店铺的状态修改成暂停营业。

不过，难免会遇到有些订单已支付但无法发货的情况，客服需要及时和顾客沟通，解释说明由于什么原因可能会交货延误，并且要给顾客一个预期，告诉他发货时间和延误时间，同时表示货物一旦发出会立刻通知他，并致歉希望他能够理解，最好赠送一定金额的优惠券以宽慰顾客。

✎ 议一议
影响邮递延误的可预测情况有哪些？

二、不可预测的延误情况处理

不可预测的情况包括海关检查、恶劣天气等，这些不可控的因素造成的延误，实际上客人也比较容易理解。作为售中客服，我们也应当及时告知顾客，并且跟进货物的进展，把跟进信息告知给客人，让其安心。

如果因海关检查货物时间过长导致货物邮递延误，建议及时告知买家相关情况，并说明公司正在积极解决确保货物顺利通关，让买家感受到你一直在跟进货物的状态，公司也在尽全力解决，这样会让买家觉得公司是很讲诚信的，服务态度也特别的好，从而给买家留下良好的印象。

✎ 想一想

影响邮递延误的不可预测情况有哪些？

💬 思考与练习

1. 假设你在速卖通上经营了一家服装店专卖女装产品。有一位叫 Ms. Cassie 的顾客在你的店里下单买了一条牛仔裤，该牛仔裤的弹力很好，尺码有 S-3XL 码。

（1）Ms. Cassie 下单后并没有立即付款，她通过站内聊天工具发送了一条信息说她有一点胖，担心现在购买的尺寸穿不上。你如何跟 Ms. Cassie 沟通呢？

（2）经过你的上述沟通，Ms. Cassie 完成了支付，你会推荐什么样的关联产品给她呢？

（3）Ms. Cassie 很喜欢你推荐的关联产品，但是她希望你能给她一些折扣，你会怎么跟她沟通呢？

（4）Ms. Cassie 购买的货物都已经发货了，请给她写一封邮件告知已发货，需要包含以下内容：

（a）感谢她在你的店铺订购商品；

（b）告诉她你如何跟进物流；

（c）说明收货时间在 25 天左右；

（d）希望她能够给你的店铺留一个好评。

（5）货物遭遇海关严格检查，导致邮递延误，请给她写一封邮件解释说明。

2. 小张是某公司新进的售中客服，负责该公司速卖通平台的售中业务。某顾客订购了一条牛仔裤，即时通对话框里显示该订单还没有完成支付。这时，小张有些拿不准不知道是否要催付。

（1）客人下单后迟迟未付款，需要催付吗？

（2）为什么顾客下单了但不付款呢？

（3）如果要催促客人支付订单，该怎么催付呢？

模块五
售后沟通与服务

◎ 学习目标

1. 理解跨境平台售后服务的重要性；
2. 了解跨境平台售后商品的退换货流程；
3. 熟悉交易纠纷的类型；
4. 了解客户投诉的原因；
5. 熟悉应对客户投诉的技巧；
6. 熟悉日常售后服务工作内容；
7. 掌握售后服务的操作方法和技巧；
8. 能正确处理客户的中差评；
9. 能够正确处理客户纠纷和投诉。

◎ 情景描述

李双双今年高职毕业，凭着良好的英语口语能力，她应聘到了某跨境公司的售后服务岗，经理告诉她：售后服务是保持客户满意度、忠诚度的有效举措，是下一次销售前最好的促销，也是企业的一个有效盈利点，要保持客户持续满意，就必须给出高于竞争对手，或是竞争对手想不到、做不到的超值服务，并且及时予以践诺。

◎ 情景分析

你认为客服李双双应该如何开展自己的售后工作，与以往理解的"货卖出就'完事大吉'"有何不同理解？

在国内，根据 2014 年开始实施的新《中华人民共和国消费者权益保护法》，消费者可以在 7 天内无理由退货。在国际平台受各国各地区消费者相关法律监督以及平台严苛规则的购物环境下，对于部分冲动型的客户，会有更多的退货，从而增加了跨境售后客服的工作量。售后客服提高自身的沟通能力，能有效提升店铺形象，减少退换货，确保店铺健康良性发展。

售后客服应在理解跨境平台售后服务重要性的基础上，了解售后商品的退换货流程，了解客户投诉的主要原因，进而学习应对客户投诉的技巧，实现正确处理客户中差评的目标。

售后服务流程
与服务技巧

任务一 售后服务流程与服务技巧

一、售后服务的含义

售后服务，就是在商品出售以后卖家所提供的各种服务活动。售后服务的日常工作可以分为三种：第一种是正常交易售后，包括订单查询追踪，买卖双方互相评价、解释等；第二种是对交易纠纷的处理，包括商品纠纷、物流纠纷、服务态度纠纷等；第三种是老客户的信息维护。

二、售后服务的意义

售后服务本身也是一种促销手段，是整个商品销售的重要过程之一。在追踪跟进阶段，售后客服人员要采取各种形式配合销售，通过售后服务来提高店铺的信誉、扩大商品的市场占有率。好的售后服务会带给买家非常满意的购物体验，从而使这些买家成为商家的忠实客户。同时，老客户会把自己满意的购物体验传播给其他消费者，影响其购买行为。例如，我们在网上购物时经常会看一些商家的好评，如果该商家的好评很多，顾客满意度高，我们就会偏向于选择该商家来购买商品。因此，做好老客户维护，也可以大大降低开发新客户的成本。

1. 做好售后服务有助于减少客户抱怨

售后服务是整个交易过程的重点之一。贴心周到的售后服务会给买家带来愉悦的心情，从而成为你的忠实客户，以后会经常来购买你的商品。

在实际生活和工作中，因为对售后服务感到不满而导致的客户抱怨时有发生，造成这种现象的原因，一方面是企业目光短浅，只关心眼前的成交额而对成交之后客户遇到的问题经常不闻不问或不予解决；另一方面则是售后人员没有成交之后的客户服务意识，不能积极主动地在成交之后对客户进行关心。客户抱怨一旦形成，企业就需要花费很多时间予以消除。

如果客服人员能够积极主动地为客户提供优质的服务，那么这些对企业极为不利的客户抱怨就能从根本上得到遏制，从而降低客户的投诉和纠纷发生的概率。因此，为了切实有效地减少客户抱怨，客服人员有必要在交易结束之后，继续关注客户的需求，从而为客户提供更加满意的服务。

2. 做好售后服务有助于巩固与客户的友好关系

客户对于售后服务工作的不满意常常在各项原因中居于主要地位，如果客户在成交之后不能享受到令其满意的售后服务，那么必将大大影响他们今后的购买决定。要想长期保持良好的业绩，很大程度上需要一大批忠诚客户的支持，大量的忠诚客户常常是一个企业根本利润的重要来源。而要想获得大量忠诚客户的长期支持，客服人员就必须不断加强和巩固与这些老客户的友好联系，努力培养客户对企业的忠诚度。积极主动地为客户提供良好的售后服务，也是增强和巩固友好客户关系的重要方式，很多企业的优秀客服人员都是通过这种方式获得越来越多忠诚客户的。

3. 做好售后服务有助于增加新的潜在客户

积极主动地做好售后服务工作，不仅是维持老客户的需要，也有助于增加新的潜在客户，从而在更大程度上增加你的销售业绩。

如果企业能够在工作过程中为客户提供良好的售后服务，那么不仅可以获得更多老客户的长期支持，而且还可以由此增加新的潜在客户。这些新的潜在客户一方面来自老客户的介绍，另一方面来自新的潜在客户经各项考察后的转化。

4. 做好售后服务有助于公司品牌形象的有力传播

面对在广告宣传过程中的高付出、低回报，现代企业不妨利用"口碑传播"的途径在客户之间进行宣传。这样不但可以结合广告宣传进一步增强公司的品牌影响力，而且可以降低营销成本。更重要的是，良好的口碑形象对于新客户的吸引力通常大大超过广告宣传。

老客户的口碑是公司品牌形象的最好传播渠道，当客服人员积极主动地为老客户提供优质服务时，这些感到满意的老客户就会将他们的感受通过各种途径主动对外宣传，这种来自老客户的口碑宣传对公司品牌形象的传播可以发挥十分重要的作用。

"口碑营销"的四个法则：第一，要有趣；第二，让人开心；第三，赢得信任和尊敬；第四，要简单。

三、售后服务的原则

无论是售中服务还是售后服务，都强调站在客户的角度去考虑，将心比心才能更好地为客户服务。要站在客户的角度考虑，就一定要抱着"同理心"去处理问题。

在进行售后服务时牢牢地把握住以下原则：

（1）礼尚往来的原则；

（2）承诺与惯性原则；

（3）社会认同原则；

（4）同类认同原则；

（5）使用者的证言原则；

（6）喜爱原则；

（7）友谊原则。

📖 情景案例

小明的 Shopee 店铺

小明大学毕业后开了一个 Shopee 店铺，两个月以来一共才交易了 6 单。由于客户没有及时评价等原因，店铺的信誉一直不高。刚好一个客户已经收货 2 天但还没有确认收货，于是小明问其对产品的质量是否满意，客户称产品非常好。于是他让客户确认收货并希望给个好评，客户好评后，小明店铺的信誉度得到提高，小明也对客户的善解人意表示感谢。小明反思自己过去在跟进客户这方面没有做好，所以没有得到客户的认可。

💬 分析

当客户收到商品后，并不意味着服务停止，客户的信息反馈环节是商品服务管理最为关键的一环。此案例中客户购买小明店铺的商品，必然有自己的体验，如收到的商品包装是否完整，商品使用是否正常，商品质量是否达到预期等，这些问题都是卖家小明应该主动询问的。

商品一旦售出，物流、退换货、客户投诉、中差评等问题都需要售后客服来处理，作为售后客服人员要有耐心帮客户解决他们的问题，要让客户感觉到商家的优质贴心服务。售后客服每日工作流程见表 5-1。

表 5-1　售后客服每日工作流程

项目	内容
退换货	合理解决客户提出的退换货要求，要做好记录
评价管理	一旦遇到中差评，需要及时处理。要在一周之内处理完成，注意修改评价时间节点是一个月
客户催单	要在第一时间打电话给相关快递公司的客服，把物流信息反馈给客户，后期及时跟踪
客户关怀	根据客户档案库对客户进行分类关怀，如节假日、天气骤变、生日关怀等，让客户感受到温暖

四、售后客服的方法和技巧

1. 做好物流跟踪

（1）随时跟踪包裹去向。

买家付款后要尽快发货并通知买家，货物寄出后要随时跟踪包裹去向，如有运输意外要尽快查明原因，并和买家解释说明。

（2）及时处理各类快递问题。

①疑难件的处理。

②破损件的处理。

③丢件的处理。

④超区件的处理。

2. 认真对待退换货

发生退换货时，首先要明确原因，然后根据不同原因区别处理。

（1）产品质量问题。

客户因产品质量要求退换货，要立即核实情况。请客户拍照留证，通过照片判断是否属于质量问题。

（2）快递原因。

对于因物流运输导致发生破损的货品，经客户拍照证实后，客服应主动与客户协商退换及邮费问题。

（3）客户原因。

为了更好地服务客户，很多电商企业都为客户提供 7 天无理由退换货服务。

（4）卖方原因。

因客服或仓储工作人员造成的货品漏发、错发或缺货，须及时联系客户，告知详细原因，协调处理是否需要退换，经过协调处理仍需退货的，如货品已发出应立即跟踪快递退回货品，货品未发出的指导客户进行退款操作。

3. 掌握退款流程

（1）客户未收到货的申请退款注意事项。

若交易还在进行中，因买家或卖家原因需要申请退款，请先查看当前交易状态：

①如果交易状态为"买家已付款"，需要在"买家已付款"的 24 小时后（此时间精确到秒）申请退款。

②如果交易状态为"卖家已发货"，可以立即点击"申请退款"。

> 注：买家未收到货的退款申请应以订单为单位，每一订单不允许出现部分退款。

（2）卖家发货后，处理申请退款操作流程。

以速卖通店铺为例，操作步骤分以下几种情况：

①未收到货的退款申请操作流程；

②已收到货，不用退货但需要退款的退款申请操作流程；

③已收到货，需要退货退款的退款申请操作流程。

4. 掌握催款技巧及处理方式

电子商务付款分货到付款和第三方支付两种形式。客户选择了第三方支付，就会出现没有及时付款的情况，客服人员需按如图 5-1 所示流程处理订单。

①催款流程。

②催款导单（催前一天拍下的订单）。

③催款登记。

④催款跟进。

⑤催款方式。

后台查单记入催款明细表，旺旺或电话联系客户

催款跟进 → 催款结果汇总

图 5-1　催款流程图

✏️ **做一做**

通过上网搜索、查阅资料等方式，收集各类退换货的形成原因、退换货的处理方式，填写表 5-2。

表 5-2 退换货的形成原因及处理方式

退换货的形成原因	退换货的处理方式	案例来源	启示

任务二 评价及收到评价的不同沟通方式

作为跨境平台售后客服人员及运营人员,应及时做好客户评价及解释工作。

一、正面评价

一般来说,有的放矢地选择一些特别好的正面评价来回复,以提醒其他客户关注到这条正面评价,而且这类客户的特点一是乐于分享,二是有成为忠实客户的潜力,如果多一点鼓励和关怀,他们将成为我们最好的口碑营销载体,如图 5-2 所示。

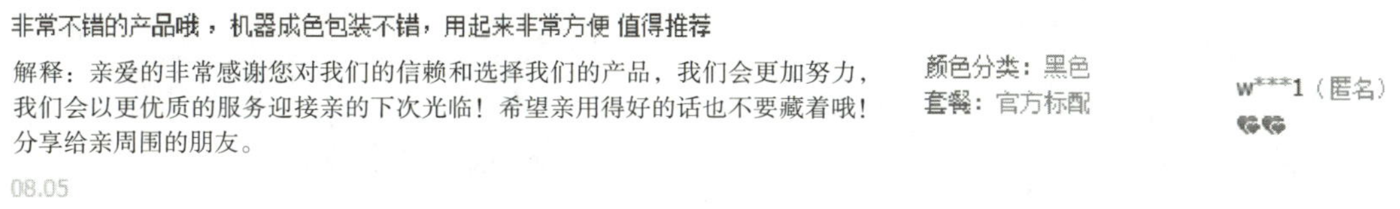

非常不错的产品哦,机器成色包装不错,用起来非常方便 值得推荐

解释:亲爱的非常感谢您对我们的信赖和选择我们的产品,我们会更加努力,我们会以更优质的服务迎接亲的下次光临!希望亲用得好的话也不要藏着哦!分享给亲周围的朋友。

颜色分类:黑色
套餐:官方标配

w***1(匿名)

08.05

图 5-2 正面评价

二、负面评价

将评价问题剖析开来,实际就是一个沟通的问题。对于评价数量较多的卖家来讲,出现中差评具有一定的概率性。

(一)负面评价的解释

有时候出现中差评是不可避免的,售后客服应尽力降低该负面评价的影响,以主动、热情的服务态度感染客户,如图 5-3 所示。

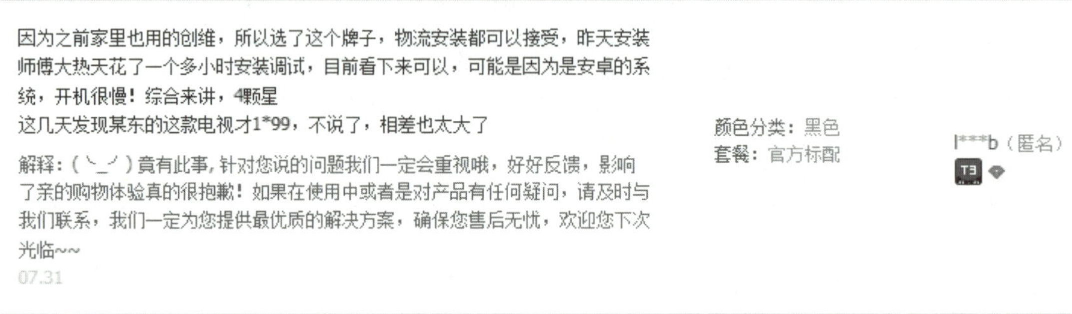

因为之前家里也用的创维，所以选了这个牌子，物流安装都可以接受，昨天安装师傅大热天花了一个多小时安装调试，目前看下来可以，可能是因为是安卓的系统，开机很慢！综合来讲，4颗星

这几天发现某东的这款电视才1*99，不说了，相差也太大了

颜色分类：黑色
套餐：官方标配

l***b（匿名）

解释：(╯_╰) 竟有此事，针对您说的问题我们一定会重视哦，好好反馈，影响了亲的购物体验真的很抱歉！如果在使用中或者是对产品有任何疑问，请及时与我们联系，我们一定为您提供最优质的解决方案，确保您售后无忧，欢迎您下次光临~~

07.31

图 5-3　负面评价

做评价解释时要注意以下问题：

（1）评价解释属于公开信息的展示，而不是与一个客户之间的私密对话，主要是展现给其他客户看的，所以一定要注意专业形象。

（2）文字要多才能引人注意，字越多、占的位置越大，评价就越显眼。

（3）要注意遵守网站的相关规则，不能把买家的地址和联系方式公布出来，要保护好客户的隐私。

（二）差评的处理

差评分为恶意差评和正常差评两种。

1. 恶意差评

（1）恶意差评的受理范围。

恶意差评是指买家、同行竞争者等评价人以给予差评的方式谋取额外财物或其他不当利益的行为。卖家遇到恶意差评时，可以向平台相关人员进行申诉。以速卖通平台为例，其恶意评价受理范围如下。

①不合理要求。这类评价需举证，证明评价者以差评要挟为前提，利用差评谋取额外钱财或其他不当利益。

②同行与同行交易后给出差评。

③第三方诈骗。对于第三方诈骗所产生的评价，跨境网将予以删除。

④泄露信息或辱骂。擅自将别人的信息公布在评语或解释中，或在评语或解释中出现辱骂或污言秽语，跨境平台一般会删除这类评语。

（2）恶意评价维权发起条件。

商家遇到恶意差评时，可以通过电商平台人工在线投诉受理渠道进行发起。发起条件如下：

①必须是双方互评的订单。

②合理的时间范围为评价产生的 30 天内。

2. 正常差评

正常差评是客户对产品及服务的真实反馈，需要商家认真对待。发生了这类差评，商家不要总想着如何去删差评，应了解中差评的产生原因，通过查看当时的聊天记录来了解是因为质量问题、客服的服务态度问题还是物流问题而引起的差评。产生此类差评一般有以下几类原因。

（1）产品与描述不符。

如果客户因产品与描述不符要求退换货，客服一定要积极回应，及时同意买家退换货申请，态度要温和，不要有拖延，以避免中差评产生。

📖 情景案例

李先生的差评

济南的K先生在跨境某店铺买了一部四千多元的笔记本电脑，收货后发现电脑不能正常开机。与卖家沟通后，K先生决定换货，商家给出了七天内发货的承诺。然而七天之后，K先生却被告知需要再等十天。K先生认为单据上标明了电脑存在质量问题可以在七天内进行更换，商家就应该履行承诺。于是，K先生给了这家店铺差评，并通过平台进行维权。

经平台调查确认K先生的权益受到侵害，要求该商家三日内应将新电脑发给K先生。经过沟通，K先生删除了差评，避免了其他客户看到差评不敢轻易下单的情况。

💬 分析

此案例中卖家由于自身产品的质量问题，给K先生带来不好的购物体验，导致差评。我们都知道店铺的差评会对店铺日后的销售产生重大影响，因此，店铺应及时与顾客沟通，积极联系K先生承认自己的问题，获得K先生的谅解，从而避免了其他客户看到差评不敢轻易下单的情况。

（2）客服态度。

如果由于客户对某个客服的服务态度不满意给出差评，卖家可以向客户诚恳地道歉、自我检讨，尽量让客户消气修改差评。

📖 情景案例

客服的态度

客户：你那里2号客服态度真差，坚决差评！

客服：很对不起亲，您消消气，您大人有大量，不要和她计较，2号客服是新来的，经验还不足，给您带来了麻烦，真不好意思了。我们已经对2号客服作出了批评，她也认错了，并明确表示一定吸取教训，希望亲能谅解她一次。您的评价是对我们服务质量的一次提醒和督促，我们会继续改进各项服务指标。请相信，会给广大顾客提供更加优质的服务，谢谢啦！

客户：好吧，看在你的服务态度诚恳的份上，我同意删除差评。

💬 分析

此案例中，顾客因为2号客服态度差给了差评，另外一位客服人员在沟通过程中承认了2号客服工作中的不足，向顾客表达了诚挚的歉意，寻求顾客的谅解。而顾客最终也为客服人员的态度打动，同意对差评进行修改。由此可见，客服人员的处理方式不同，最后的结果也呈现出明显的差异。

（3）物流问题。

如果是因为物流问题客户给予差评，客服同样要和客户耐心沟通，进行道歉，以得到客户的理解，修改评价。

情景案例

漫长的物流等待

买家：你们店家选择的物流实在太慢了！等了好多月才到！

客服：对不起，这确实是我们的责任，我们会完善物流服务，选择更加合适的物流公司作为合作伙伴，给顾客提供愉快的购物体验。请您给我们一次改进的机会，我们会给您做出补偿以表达我们真诚的歉意。如果还有什么问题，请及时联系我们，一定为您提供满意的服务，谢谢亲。

分析

由于快递在运输过程中有可能出现意外，如运输过程中的掉件、商品受损及快递员服务态度恶劣等，这些因素都会影响到客户的购物体验。此案例中，由于物流到达时间较长导致客户的抱怨，客服人员要主动向客户赔礼道歉，联系物流公司，弄清楚快件在运输过程中出现的问题，及时给客户一个满意的解决方案。

做一做

实训一：催促评价

案例情景	实训指导	实训记录
1.买家收到货之后没有留下评价	1.策划让客户给好评的营销策略	收集网络3条以上好评奖励客户策略： 1. 2. 3.
	2.按模块二要求撰写英文函电	英文函电：
2.买家收到上述邮件10～15天后没有回复评价	在卖家发邮件提醒买家评价后10~15天，买家对评价一事置之不理，卖家可以再发邮件进行催促	再次催促英文函电：

实训二：修改评价

案例情景	实训指导	实训记录
1. 给中评，买家对于你的产品表示怀疑	注意：除了一些无良买家，客户给中差评是对店铺的提醒，告知店铺当中出现了问题，需要去整改。 1. 及时沟通，了解客户真实情况； 2. 解决问题，请求客户修改评价，并叙述中评对新手卖家的致命打击，让买家心存怜悯	英文函电：
2. 请求修改差评	注意：除了一些无良买家，客户给中差评是对店铺的提醒。告知店铺当中出现了问题，需要去整改。 1. 沟通交流，了解客户不满意的实际情况	英文函电：
	2. 解决问题，给予优惠或其他处理	英文函电：
	3. 请求修改差评，态度诚恳，处理问题及时准确	英文函电：
	4. 一周后还未修改，再次发邮件提醒	英文函电：
	5. 诚心打动，表示能给予优惠以弥补客户的不良体验	英文函电：

任务三　引起纠纷的原因及结果分析

一、跨境电商平台及规则

（一）以阿里巴巴全球速卖通在线交易平台为例

阿里巴巴全球速卖通（以下简称"速卖通""平台"或"我们"）致力于促进开放、透明、分享、负责任的新商业文明，为维护和优化速卖通平台（www.aliexpress.com）

的经营秩序，更好地保障全球速卖通广大用户的合法权益，速卖通制定本全球速卖通平台规则（卖家规则）（以下简称"速卖通规则"或"本规则"）。本规则包括基础规则、行业标准、知识产权规则、禁限售规则、营销规则、招商规则、卖家保护政策及其他平台不时制定的约束相关卖家的规则，只适用于来自中国（含港、澳、台地区）的速卖通卖家，本规则为速卖通与卖家的商户服务协议的一部分，与平台其他协议和规则（并称"平台规则"），包括但不限于网站使用协议、隐私政策、网站注册会员协议、阿里巴巴线上交易服务协议等一道具有拘束力。为维护平台秩序、保障卖家权益及消费者利益，速卖通保留变更本规则的权利，并将在变更本规则时通过平台网站予以公告，相关变更在公告规定的合理期限后生效。若卖家不同意相关变更，在相关变更生效前应立即停止使用速卖通平台的相关服务或产品；相反，视为您接受本规则变更。

1. 遵守卖家基本义务

第一条　卖家在平台的任何行为应遵守中国及其他国家可适用的法律、法规、规章、政令、判决等规范性文件。对任何涉嫌违法的行为，平台有权依照本规则进行处罚或处理。同时，速卖通对卖家的处理不免除其应尽的任何法律责任。

第二条　作为交易市场的卖方，卖家应就双方达成买卖交易自主对买家负责，切实履行卖家的信息披露、质量保证、发货与服务、售后及质保等义务。同时，卖家有义务了解并熟悉交易过程中的平台对买家市场的规定，遵守并提供善意、合理的配合。

第三条　遵守平台各类目的商品发布规则；禁止发布禁限售的商品或信息，详见全球速卖通禁限售商品目录。

第四条　尊重他人的知识产权，严禁未经授权发布、销售侵犯第三方知识产权的商品，包括但不限于商标、著作权、专利等，详见全球速卖通知识产权规则。

第五条　卖家应恪守诚信经营原则，及时履行订单要求，兑现服务承诺等，不得出现虚假交易、虚假发货、货不对版等不诚信行为，详见交易类规则。

第六条　保障消费者知情权，履行信息披露的义务。发布商品应如实描述，包括但不限于在商品描述页面、店铺页面、站内信、速卖通通信系统等所有平台提供的渠道中，向买家就自己提供的商品和服务进行真实、完整的描述，包括但不限于对物流、售后、保险等服务的方式、价格，商品的基本属性、功能、包装、成色、价格等，不应作虚假或误导性陈述。禁止进行包括但不限于如下行为：

（1）发布误导性折扣。在促销开始前大幅度提高商品原价再打折出售，夸大折扣的价值以诱导买家消费。

（2）发布不合理或虚假价格。包括但不限于为吸引关注，设置过高或过低的商品价格，实际并无此商品销售；在特殊时期哄抬物价，扰乱市场；设置多种参考价格，未明确各种价格的含义；在促销活动中虚构原价，标示的原价并不存在或者从未有过交易记录。

（3）开展限时减价、折价等价格促销活动时虚构促销期限及商品价值，使用"最后一天""仅限今日"等不实语言或者其他带有欺骗性、误导性的语言、文字、图片等标价，诱导买家消费。

（4）采取价外馈赠或捆绑方式销售商品、提供服务时，不如实标示馈赠物品的真实价格、品名、数量，或者馈赠物品为假劣商品。

第七条　保证出售的商品在合理期限内可以正常使用，包括商品不存在危及人身财产安全的风险，具备商品应当具备的使用性能，符合商品或其包装上注明采用的标准等。

第八条　卖家不遵守本章约定，严重违反卖家基本义务，全球速卖通保留依照本规则进行市场管理的权利。基于维护市场良好持续、保障买家权益的目的，全球速卖通有权进行商品品质抽检及真假鉴定（包括但不限于通过自购或从消费者处获取，通过独立第三方质检机构或品牌权利人进行鉴定，指令合作物流公司协助抽检等）；在速卖通不定时地检查卖家出售商品是否具有合法来源、是否为真时，卖家有义务保留并出示相关商品合法进货来源的凭证。对于速卖通有理由认为检查结果不良，或卖家无法提供相关凭证的，速卖通有权对卖家或店铺采取限制措施，包括但不限于扣分、删除商品、关闭店铺、限制其他技术服务等。

2. 遵守注册要求

第九条　卖家在速卖通所使用的邮箱不得包含违反国家法律法规、涉嫌侵犯他人权利或干扰全球速卖通运营秩序的相关信息，否则速卖通有权要求卖家更换相关信息。

第十条　卖家在速卖通注册使用的邮箱、联系信息等必须属于卖家授权代表本人，速卖通有权对该邮箱进行验证；否则速卖通有权拒绝提供服务。

第十一条　卖家有义务妥善保管账号的访问权限，账号下（包括但不限于卖家在账号下开设的子账号内的）所有的操作及经营活动均视为卖家的行为。

第十二条　全球速卖通有权终止、收回未通过身份认证或连续一年180天未登录速卖通或TradeManager的账户。

第十三条　用户在全球速卖通的账户因严重违规被关闭，不得再重新注册账户；如被发现重新注册了账号，速卖通有权立即停止服务、关闭卖家账户。

第十四条　速卖通的会员ID在账号注册后由系统自动分配，不可修改。

3. 遵守商标准入及经营规则

第二十四条　为保证消费者权益，卖家申请经营商标产品，需提供系统要求的商标注册证、授权书或进货发票，审核通过后方可发布商标商品。本规则下"商标"是指已获得法定商标管理部门颁发的商标注册证或商标受理通知书的商标。

第二十五条　限制类商标的准入和经营限制。

（1）店铺不得销售涉嫌不正当竞争的相关商标（"限制类商标"），即属于任一下列类型的商标或品牌：

①与速卖通已有的品牌、频道、业务、类目等相同或近似的；

②包含行业名称或通用名称或行业热搜词的；

③包含知名人士、地名的品牌的；

④与知名品牌相同或近似的；

⑤纯图形商标；

⑥经营品牌封闭管理规则的行业，不属于行业邀约品牌名单且未通过品牌审核的。

（2）对于入驻时申请经营限制类商标产品的，速卖通有权拒绝或终止入驻申请；对于已经营限制类商标产品的，速卖通有权要求按照卖家规则规定的程序对相关产品进行下架。

第二十六条　影响消费者权利品牌的准入和经营限制。如您经营的品牌在准入中或准入后出现以下情况，平台将有权按卖家规则下架该品牌的商品，您不得继续经营：

（1）品牌商品被速卖通或第三方专业机构证明由不具备生产资质的生产商生产的，不符合国家、地方、行业、企业强制性标准；

（2）该品牌经速卖通或第三方专业机构判定对他人商标、商品名称、包装和装潢、企业名称、产品质量标志等构成仿冒或容易造成消费者混淆、误认的；

（3）品牌在经营期间被证明存在高纠纷率、高投诉率、低市场认可度，品牌商品描述平均分严重低于行业平均水平，严重影响消费者体验，经平台告知后在一个月内无明显改善的。

4. 遵守发布商品规则

第二十七条　选择"标准销售计划"的店铺，店铺内在线商品数量上限为3000个；选择"基础销售计划"的店铺，店铺内在线商品数量上限为300个；特殊类目（special category）下每个类目在线商品数量上限5个。平台保留为行业发展、消费者利益而不时调整可发布商品数的权利。

第二十八条　商品如实描述及对其所售商品质量承担保证责任是卖家的基本义务。"商品如实描述"是指卖家在商品描述页面、店铺页面等所有速卖通提供的渠道中，应当对商品的基本属性、成色、瑕疵等必须说明的信息进行真实、完整的描述。

第二十九条　卖家应保证其出售的商品在进口国法律规定的合理期限内可以正常使用，包括商品不存在危及人身财产安全的不合理危险、具备商品应当具备的使用性能、符合商品或其包装上注明采用的标准等。

第三十条　卖家在速卖通发布商品应当严格遵守本规则下，详见《速卖通行业标准》。

5. 服从搜索排序规则

速卖通有权按照系统设定的统一算法进行平台商品的排序。商品在搜索页面的排序包含多种因素，包括但不限于商品的信息描述质量、商品与买家搜索需求的相关性、商品的交易转化能力、卖家的服务能力、搜索作弊的情况。

6. 遵守订单超时规定

第三十二条　订单关闭：就平台一般商品，自买家下订单起的20天内，买家未付款或者付款未到账的，订单将超时关闭。在闪购、限时抢购等特殊交易场景下，为维护卖家利益，买家未付款或付款未到账的订单会在平台认为的合理时限内（半小时起）关闭。

第三十三条　买家取消订单：自买家付款成功之时起到卖家发货前买家可申请取

消订单。买家申请取消订单后，卖家可以与买家进行协商，如果卖家同意取消订单，则订单关闭货款全额退还给买家；如果卖家不同意取消订单并已完成发货，则订单继续。如果卖家不做任何操作直至发货超时，则订单关闭货款全额退还给买家；如果卖家对订单部分发货，并且在发货期内没有完成全部发货，则订单关闭货款全额退还给买家。

第三十四条　卖家发货超时：自买家付款成功之时起至备货期间内，如果卖家无法及时发货，可以与买家协商由买家提交延长卖家备货期的申请，卖家需在协商期限内发货；如果卖家在备货期内没有完成全部发货，则订单发货超时关闭，货款全额退还给买家；如果卖家在备货期内完成全部发货，但订单在规定时间内无有效的物流上网信息，则订单上网超时关闭，货款全额退还给买家。

第三十五条　买家确认收货超时：自卖家声明全部发货之时起，买家须在卖家承诺的运达时间内确认收货（如卖家承诺的运达时间小于平台的默认值则以平台默认值为准），其间卖家应与买家及时沟通收货情况；如果与买家沟通确实一直未收到货物，可以由卖家延长买家收货时间；如果买家一直未确认收货且未申请退款的，则该订单买家确认收货超时并视为交易完成。

第三十六条　买家申请退款：自卖家声明全部发货后，如卖家承诺的运达时间小于 10 天（自然日，如无特殊说明外，下同）则在卖家发货后买家就可以申请退款，如卖家承诺的运达时间大于等于 10 天，则在卖家发货后的 10 天后买家可以申请退款。

7. 遵守物流规则

关于发货物流方式规定如下：

①卖家可自主选择发货采用的物流服务。

②买家可自行选择物流方式。

③卖家填写发货通知时，所填写的运单号必须完整、真实准确，并可查询。

④同时，为保证经营秩序和买家体验，对特殊市场的订单，卖家应按照表格中所列的物流政策选择发货的物流方式。

8. 遵守平台纠纷规定

第三十九条　卖家发货并填写发货通知后，买家如果没有收到货物或者对收到的货物不满意，最早可以在卖家全部发货 10 天后申请退款（若卖家设置的限时达时间小于 10 天或者是俄罗斯精品馆订单、本地仓服务订单，则买家最早可以在卖家全部发货后立即申请退款），买家提交退款申请时会在系统中生成争议流程（"纠纷"）。

第四十条　除本节第四十二条、第九节规定的纠纷外，买家提交或修改纠纷后，卖家必须在 5 个自然日内对买家纠纷点击"接受"或"拒绝"，否则订单将按照买家提出的退款要求被执行。

第四十一条　如卖家不同意买家提出的纠纷诉求，卖家应在买家提起纠纷之日起 7 个自然日内与买家进行自主协商；协商后仍无法解决的，纠纷将在上述期限后提交至平台进行仲裁。

第四十二条　对于升级至平台，但被平台依照本规则判定不属于售后宝或无忧物流服务订单的纠纷，卖家及买家应在平台作出上述判定之日起接受仲裁。

第四十三条　为提高买家体验和对平台及卖家的信心，平台鼓励卖家积极与买家协商；协商不一致的情况，平台有权主动介入给出建议方案解决。但该等情形下，平台介入不影响买卖家平等协商。

第四十四条　如买卖双方达成退款协议且买家同意退货的，买家应在达成退款协议后 10 天内完成退货发货并填写发货通知，全球速卖通将按以下情形处理：

（1）买家未在 10 天内填写发货通知，则结束退款流程并交易完成；

（2）买家在 10 天内填写发货通知且卖家 30 天内确认收货，速卖通根据退款协议执行；

（3）买家在 10 天内填写发货通知，30 天内卖家未确认收货且卖家未提出纠纷的，速卖通根据退款协议执行；

（4）在买家退货并填写退货信息后的 30 天内，若卖家未收到退货或收到的货物货不对版，卖家也可以提交到速卖通进行纠纷裁决。

第四十五条　部分纠纷在买家提出后，会依照本规则或其他约定由平台先行介入；如平台判定需要卖家承担责任，卖家应在平台判责后按判定执行处理结果。该等纠纷包括但不限于：

（1）享受售后宝服务的订单纠纷；

（2）使用无忧物流、符合相关标准，由物流方代为处理的纠纷；

（3）其他依约由平台先行介入的纠纷类型。

详细条例以速卖通官方发布为准：全球速卖通平台规则（卖家规则）https://sell.aliexpress.com/__pc/rule_detail.htm。

（二）以敦煌网在线交易平台为例

敦煌网商户平台 DHgate 敦煌网成立于 2004 年，是国内首个为中小企业提供 B2B 网上交易的网站，它采取佣金制，免注册费，只在买卖双方交易成功后收取费用。

以敦煌网平台纠纷处理条例为准，详见 https://seller.dhgate.com/university/c_13020.html#cms_universityguidewaimao−downPage−1。

1. 权利和义务

（1）买家和卖家的权利。

①买家享有知悉其购买商品或所接受服务的真实情况的权利；

②买家享有对商品和服务以及保护买家权益工作进行监督的权利。

（2）买家和卖家的义务。

①买家有掌握所需商品或者服务的知识和使用技能，正确使用商品，以及提高自我保护意识的义务；

②在交易过程中以及涉及交易的各个环节，卖家有及时通知、告知买家相关情况的义务，以确保买家知情权的实现；

③卖家有义务关注货运状况；

④卖家应当向消费者提供有关商品或者服务的真实信息，不得做引人误解的虚假宣传，并且，对消费者就其提供的商品或者服务的质量和使用方法等问题提出的询问，

应当做出真实、明确的答复；

⑤卖家以广告、产品说明、实物样品或者其他方式表明商品或者服务的质量状况的，应当保证其提供的商品或者服务的实际质量与表明的质量状况相符；

⑥卖家提供商品或者服务，按照国家规定或者与消费者的约定，承担包修、包换、包退或者其他责任的，应当按照国家规定或者约定履行，不得故意拖延或者无理拒绝；

⑦买卖双方均应保证其提交资料的真实性、合法性，如一方提供证据被查实为虚假证据，平台将做出对其不利的处理和裁决，由提供虚假证据的一方承担可能的一切责任和损失；如因提交的资料导致敦煌网判断错误或造成损害，敦煌网将不承担任何责任。

（3）平台的权利。

①平台有向任何一方要求提供相关证据的权利；

②平台有根据事实和政策规定做出最终裁决的权利。

（4）平台的义务。

①平台有按流程和规定处理纠纷的义务；

②平台有出具裁决和处理意见并告知买家、卖家的义务。

2. 处理原则

（1）敦煌网交易纠纷的处理以买卖双方的自愿参与为前提；

（2）"敦煌网交易纠纷处理程序"的启动以买方向敦煌网的适当提请为准，一旦买方向敦煌网提起投诉并要求敦煌网介入处理，除买方在平台做出裁决前撤回投诉的情况以外，卖方必须接受敦煌网根据"纠纷处理条例"所做出的裁决并遵照执行；

（3）所投诉订单为已被投诉过的订单，或者处理过程中的被投诉订单的牵连订单的，平台不予受理；属于牵连订单的情形，应告知投诉买方，平台将做合并处理；

（4）由于未收到货物而提起的纠纷，货物是否妥投以货运公司网站所提供的信息为准；

（5）以纠纷提交平台后，提交证据期届满之前双方提供的证据为处理依据；

（6）中文、英文网站出现矛盾时，离开中国后的信息以英文网站为准；

（7）先违约一方承担后续可能出现的风险或损失，买卖双方都存在违约行为时，各自承担相应责任；

（8）平台纠纷处理不考虑交易可能产生的潜在损失；

（9）卖家自由选择快递方式和货代，由于货代或运输公司过失导致的纠纷，卖家应负责；

（10）平台政策与交易双方自行约定的内容有冲突时，以平台政策为准。

3. 名词解释

本条例仅适用于由买家提起投诉并要求敦煌网介入处理的敦煌网平台上发生的交易纠纷的解决，为避免本条例在执行中产生歧义，此处对在详细条例中出现的名词做出明确定义。定义内容如下：

平台：指敦煌网（www.DHgate.com）。

平台纠纷：指纠纷产生后买家申请敦煌网及其工作人员介入处理的交易纠纷。

货运公司官方网站：指平台目前认可的货运方式，包括 EMS、HK post、DHL、UPS、TNT、Singpost 以及 FedEx 等。这些货运公司的官方网站为条例中所表述的"货运公司官方网站"。

发货：指卖家将货物送交货运公司，委托货运公司将货物递送给买家的行为。因为货运公司揽货后会在其官方网站上有详细的包裹跟踪信息，所以平台认定是否发货是以货运公司官方网站是否有收寄信息为准。本条定义只适用于使用快递发货的订单。

提交证据期：指自订单提交平台成为平台纠纷后平台收集证据的期限。我们根据实际情况，将提交证据期限定为 5 个工作日。

处理期：指自订单提交平台成为平台纠纷到平台给出处理意见和裁决的时间。我们根据纠纷性质制定了不同的处理期，对于未收到货物引起的纠纷，处理期为自订单纠纷提交平台后的 10 个工作日内；对于货物与描述不符的纠纷，处理期为自订单纠纷提交平台后的 10 个工作日内。

4. 补充说明

（1）"卖家产品描述"应对所售物品的外观、成分、含量、质量、成新率、包装、保修、保质期、售后服务、产地、厂商名称等销售时必备的商品要素进行说明；

（2）如卖家产品描述中未对上述要素部分或全部进行明确说明，平台处理时将以同类产品的国家标准、行业标准或厂商标准为准，或视为双方对此无争议。

5. 纠纷处理细则

敦煌网针对未收到货物和货物与描述不符这两类纠纷细列了不同情景下的处理方式。例如，针对"卖家未发货"，处理方式是卖家为责任方，敦煌网全额退款给买家。"卖家未发货"是指至纠纷提交平台时止，运单号（卖家在平台填写的运单号）仍不能在货运公司官方网站上被追踪到。其他处理细则请参阅敦煌网官方网站。

6. 政策补充条款

条款一　敦煌网认可买卖双方询盘，站内信和敦煌通等在敦煌网线上方式沟通的内容作为证据，买卖双方有义务提供以上沟通内容。

条款二　虚拟产品一旦发生纠纷升级并由买家提起投诉，敦煌网将做全额退款处理。

条款三　货物与描述不符类纠纷的处理结果中，敦煌网对于退货退款的处理方式作如下说明：敦煌网将在卖家收到货物后的第 3 个自然天操作退款。卖家如果对于包裹有异议，需要在 3 个自然天内向当地警方报警，并在收到货物 3 个自然天内将警方回执传真至敦煌网。对于包裹在货运公司官方网站投递结果显示不清晰的，买家自行支付退货运费并且出示退货证明后（买家可按原包裹地址退货），敦煌网在买家退货后的第 20 个自然天内退款。

条款四　由于产品本身的特性，买家无法提供有效证据，例如产品无法正常使用，香水类产品气味难闻，服装类产品质地不对，彩妆类产品体感不对，买家可以选择自付退货运费，全部退货后，卖家全额退款。

备注：敦煌网保留对交易纠纷根据个案具体情况全权处理的权利。

二、买卖双方产生纠纷的主要原因

网络购物由于存在着虚拟性的特点，使一些顾客期望得到的产品、服务与实际得到的产品、服务不符，引起顾客的不满进而引发买卖双方的纠纷。引起双方纠纷的原因主要有以下几点。

（一）商品质量纠纷

商品质量纠纷是指买家购买商品并收到货后，对商品的质量、真伪、使用方法、容量、尺码、体积等相关因素产生怀疑而导致的纠纷。例如，买家购买了一件衣服，收到后发现其与卖家在网站上宣传的图片效果不一样。网站上的很多图片并不是实物图，再加上计算机不同显示器之间的色差，往往造成颜色、上身效果与图片相差甚远。色差太大、货不对版、穿着不如宣传图片好看等是买家经常抱怨的内容，与描述不符的范围包括货物的形状、大小、重量、颜色、型号、新旧程度等。另外，商品质量问题、卖方发错商品等也可能引发买卖双方纠纷。出现纠纷后，客服应诚恳地向客户了解情况，积极提出解决方案，尽快解决问题。诚恳的态度、热情的服务永远是解决问题的法宝。出现纠纷后，客服应第一时间了解纠纷背后的原因，然后做针对性处理。

（1）对产品有误解。当客户对产品有误解的时候，客服人员可以详细、耐心地向客户解释产品的特性。

（2）客户使用方式不当。当客户使用方式不当时，客服人员可以多加一些示范，引导其了解正确的使用方法。

（3）产品自身质量不过关。如果是产品自身质量不过关导致的顾客不满，客服人员可以在客户提供图片或其他证明后，与客户协商退货退款。

（4）商品或服务与客户的预期有较大差距。产生此种交易纠纷，其原因可能是买家对商品的期望值过高，也可能是商家的描述或客服人员在销售过程中夸大了产品功效等。在处理这类问题的时候，客服人员就要核实商家的描述或商家客服人员在销售过程中是不是有夸大的行为，避免由于夸大其词造成客户的误会从而产生纠纷。

📖 情景案例

买家的质疑

买家：你们怎么搞的？我明明拍的是红色的，你们怎么给我发了一件白色的？我最讨厌白色了。

客服：亲，您好！我马上给您查一下，请问您的订单号是多少呢？

买家：订单号是××××。

客服：真不好意思，让您久等了，刚才我查了一下，您是在9月23日拍了一件红色短袖，现在收到的是白色的，是吗？亲，能否发张照片看看呢？

……

客服：真的非常抱歉。如果可以的话，亲可以退回来，我们给您换，邮费我们支付，这样可以吗？

买家：好的，下次别搞错了。

客服：非常感谢您的理解和配合。退货地址是××××，请注明更换的颜色、大小和订单号，辛苦您了！

买家：好吧。

客服：非常感谢！如果还有什么问题可以随时和我们联系，小二在这里随时恭候您。

🎧 分析

从上述对话可以看出，造成换货的原因是卖家发错货。此时需要先确认商品是否发错，确认发错后应先表达歉意，然后根据买家的需要进行换货。

（二）物流问题纠纷

物流问题纠纷包括由卖家发货延迟或不发货引起的纠纷，以及客户对选择的物流方式、物流费用、物流公司等方面产生怀疑而导致的纠纷。例如，圣诞节期间，由于订单量暴增，导致供货商缺货而卖家无货可发，造成买家抱怨。另外，物流公司在配送过程中对商品造成的损耗、丢失，快递员态度恶劣及延迟送件等，这些对等待收货的买家来说都是非常不愉快的体验。

物流纠纷中常见的就是发货和送货的时效性问题，当遇到该类问题时，客服人员应该及时帮助客户查询并回复客户，让客户感到满意；对于一些发错货、货物破损、物流人员态度差等方面的纠纷，客服人员要做到主动地承担责任，积极帮助客户去处理问题，安抚客户，也可采取先行赔付等有效措施来消除客户的不满。

📖 情景案例

物流服务不周产生的纠纷

卖家：您好，很高兴为您服务！

买家：你们选的什么破快递啊？就这服务态度！

卖家：您好，请问快递员有什么服务不周吗？

买家：他不送上门，还威胁说要退回去！

卖家：非常抱歉，给亲添麻烦了，我这就联系物流公司，让他们尽快给您再次投递。

买家：好吧。

卖家：抱歉，希望得到您的谅解！

🎧 分析

此案例中，由于快递人员的服务态度不好导致纠纷产生，客服人员要做到主动地承担责任，积极帮助客户去处理问题，安抚客户，消除客户的不满。

（三）沟通问题纠纷

沟通不畅是产生纠纷的一个主要因素，卖家客服若缺乏正确的沟通技巧，比如服务态度差、推销方式不正确、专业性不够、过度推销等，都有可能导致买家不满，进而产生抱怨。不同店铺的客服人员数量、素质等参差不齐，特别是交易量大的店铺，在客服人员少的情况下，常常无法及时回复客户的留言，从而导致买家认为卖家服务态度不好，给他中差评。

📖 情景案例

买卖双方沟通的效果

1. 情景案例一

买家：这真是一次失败的网购！我买的裤子才穿几天就开线了，还掉色，产品质量真是不敢恭维！

卖家：您好，很多人购买了我们的宝贝都很喜欢，并没有出现您所说的掉色现象，是您洗涤方式不正确吧？另外，您所说的开线问题，是不是由于您所买的裤子尺码小了？

2. 情景案例二

买家：这真是一次失败的网购！我买的裤子才穿几天就开线了，还掉色，产品质量真是不敢恭维！

卖家：亲；对于您所说的问题，我们真是十分抱歉，给您造成了影响。我想进一步了解下开线和掉色的情况，麻烦您……

💬 分析

从以上两个案例可以看出，第一个客服人员把问题都推给买家，这样并不能解决问题，反而会将双方的矛盾激化；第二个客服人员首先真诚地向买家道歉，与买家耐心进行沟通，不逃避、不推脱，这样就会消除买家的怨气，有可能让矛盾化解，从而使买家修改差评。因此，客服人员与客户之间的沟通非常重要，面对买家的怒气，客服要做到心平气和地去沟通，要真诚道歉。

我们对不同类型的交易纠纷进行概括，其具体内容描述见表5-3。

表5-3　不同类型的交易纠纷

纠纷类型	具体内容
商品质量纠纷	与描述不符
	商品自身质量问题
	卖家发错商品
物流问题纠纷	卖家延迟发货或不发货
	第三方物流公司配送问题
	物流人员服务态度差
沟通问题纠纷	沟通不及时
	沟通态度差
	沟通方式不正确

三、纠纷交易产生的结果

买家的投诉维权会对店铺产生非常不利的影响，以速卖通平台为例，买家的投诉维权会产生以下影响。

1. 影响动态评分

商品交易成功后，买家可以对本次交易的卖家进行评分，速卖通店铺动态评分（DSR）分为三个部分：宝贝与描述相符、卖家的服务态度、物流服务的质量。每项店铺评分取连续六个月内所有买家给予评分的算术平均值。动态评分非常重要，直接影响店铺商品排名权重。动态评分同时是考核店铺运营状况的重要指标，是店铺综合实力和行业竞争力的核心因素。店铺动态评分不仅代表了商家的商品质量和服务，还会影响店铺宝贝自然搜索排名，从而影响卖家的商品转化率。

2. 处罚扣分

一旦买卖双方的纠纷无法解决，导致双方的矛盾升级，买家可能会到消费者协会平台进行投诉，被投诉的店铺一旦认定有问题，就会被扣分。

3. 营销限制

一旦店铺违规，店铺的动态评分不达标，年底就可能遭到降级。被降级的店铺会被取消平台各大营销活动资格，不得参加相关的活动。

4. 搜索降权

当动态评分少于规定分值时，店铺所有宝贝都被搜索降权。这是速卖通的一项处罚措施，违规的店铺将被处以全部商品排名靠后，即使宝贝按关键词搜索时可以被搜索到，也会被排在同词条宝贝的排名最后。对商品进行按价格或按销量排行时，其店铺相应的宝贝会自动被平台屏蔽。

📖 情景案例

L 小姐的维权

L 小姐收到了自己购买的新手机，开机使用后发现手机好像改装过，于是就和商家客服协商申请退货，退货原因是质量问题。客服认为 L 小姐单凭个人判断就认定购买的手机有质量问题是不合理的，于是拒绝了 L 小姐的退货要求。随后，L 小姐向平台投诉，平台客服介入后，L 小姐提供了她当时购买手机的发票，同时也提供非新机的一些证据作为凭证。平台客服审核 L 小姐的发票真实有效，证据有效，最后支持 L 小姐维权。

💬 分析

买卖双方一旦产生了纠纷，买家就可以向购物网站的消费者保护平台进行维权。

任务四 纠纷的处理方法

纠纷的处理方法

一、有效处理客户诉求和投诉

纠纷的产生来源于客户诉求没有满足，一旦客服人员没有合理解决双方的纠纷，甚至将双方的矛盾升级，很可能会引来客户的投诉，客户投诉是更升级的纠纷，这一直以来是客服中心工作的难题。投诉的客户会情绪不稳定、情况多样化，这些都加大了投诉的处理难度。解决客户投诉的前提是要认识投诉。

情景案例

某家银行柜台前的对话

银行柜员：您好，请问您要办理什么业务？

客户：我想取点钱。

银行柜员：您想取多少？

客户：10 万。

银行柜员：请问您提前预约了吗？

客户：这倒没有。

银行柜员：很抱歉，没预约不能取。

客户：这是什么意思？我自己的钱还不能取了？

银行柜员：不是不能取，是需要提前预约的。

客户：事发突然，我之前也不知道自己需要这么多钱。

银行柜员：反正我是没法给您取这么多。

客户：你这是什么态度？把你们经理叫来，我要投诉你！

（客户情绪十分激动，对着柜员嚷起来，经理急忙赶了过来。）

经理：您好！我是经理。实在抱歉，给您带来麻烦，有什么事情您可以跟我说。

（说完，经理向柜员了解了具体情况，并让柜员向客户道歉。）

客户：这种态度还差不多，为什么不能取你好好跟我说，至少给我一个理由，我也好接受一点。

经理：这个柜员刚来不久，接待客户方面的经验不够丰富，希望您能谅解。

（经理脸上带着微笑。）

客户：这个我也能理解，我是遇上了急事，所以有些着急。

经理：您的情况我也能理解，但是也请您理解我们，我们的备用金是有限的，如果给您取得太多，我们恐怕周转不开。

（经理继续微笑着向客户解释。）

客户：这样啊，我明白了。但是我真的有急事，能不能通融一下？

经理：您这种情况，我们还是可以体谅的。刚看了一下，今天存款比较多，我这就去请示，如果可以给您办理取款，我立刻安排柜员去办。

客户：谢谢你啊！真是太感谢了！

🎧 分析

从上面这个案例，我们可以看出，银行职员虽然按照规定办事，但是她并没有解决好问题，从而导致被投诉。面对被激怒的客户，经理真诚地微笑和道歉，让客户焦躁的情绪逐渐平复下来。同样，在电商客服工作中，客服人员可以在不影响商家利益的前提下根据实际情况对一些规定进行灵活调整，以满足客户的要求，避免引起顾客的不满。

（一）客户投诉分类

关于客户的投诉，一般可分为三种。

（1）一般投诉。指客户正常向一线客服反馈问题，情绪较稳定。

（2）严重投诉。指客户反馈问题时情绪较激动，并强调如果不及时处理将会向有关部门或媒体投诉。

（3）重大（紧急）投诉。指客户反馈问题时非常激动，并已向消费者协会或媒体投诉。

（二）有效解决客户投诉

如何处理客户投诉是客服能力的重要体现，店铺或电商平台的服务质量标准除了能够正常解决客户问题以外，更重要的是如何合理应对客户的投诉。

1.优化投诉处理流程

（1）明确规则。店铺或平台需有相对完善、明确的投诉处理规则，使客服人员在工作中有章可循，这样既保证了投诉处理的效率，也一定程度上避免了不同客服承诺不同的情况发生，店铺严格的规则制度也会使客户对商家更为信任。

（2）提升首次解决率。首次解决即第一个客服或一线客服对于客户的问题能一次性解决清楚，给客户满意的处理方案。这就要求店铺或平台能够适度放权，并且加强对一线客服的培训。

（3）积极处理客户问题。不论是一线客服还是后台客服，都要正确面对客户的问题并及时处理解决，提升客户满意度。

2.客户投诉处理技巧

（1）有效安抚客户情绪。投诉的客户一般是情绪比较激动的，或着急或生气，我们关注客户问题的同时更要关注客户的情绪。有的客服觉得，"你生气，我比你更生气"，这种态度是不可取的。我们在处理事情前，可以先试着平息客户的抱怨和激动情绪，然后再处理问题。

不要执着地和客户争对错。有时客户的投诉可能并不是合理的，或者客户也有犯错的时候，这种情况下不要围绕客户的错误不依不饶，或者和客户针锋相对。例如：

客户：我要投诉你们家快递员！

客服：请问是发生什么事情了吗？

客户：没经过我同意就把快递放在菜鸟驿站了，我要求送货上门！

客服：请稍等，我联系一下快递师傅核实。

经核实，快递师傅打电话客户一直不接，如果客服回复"是您自己的问题不接电话"，客户肯定会比较生气。如果换成"不好意思师傅给您打电话您没有接听到，我已经和师傅联系，会给您送上门的，请您保持手机畅通"，效果就会截然不同。

（2）告知客户处理方案或处理进度。有时客户对反馈的问题得不到明确的回复会比较着急，当再次咨询时客服人员应及时告知目前问题的具体处理流程和反馈时效，而不是一味地让客户等待。

情景案例

优惠券引发的投诉

2022年4月16日，W先生打算在某电商平台购买一部手机，购买时显示价格4800元。W先生在该电商平台App首页发现了满4000减200的优惠券，所以想领取此优惠券使用，点击领取时提示要注册本平台的金融产品账号，并实名认证才可以使用。W先生考虑到自己经常使用该平台，就注册开通了，并且通过了实名认证，开通以后下载该平台金融App领取了满减的优惠券。当W先生下单购买手机的时候发现此优惠券不能使用，所以找到了平台在线客服，客服核实后告知此优惠券有商品限制，W先生购买的手机不在优惠券的使用范围内。W先生不理解，因为在领取之前并未显示优惠券的使用范围。

于是W先生继续找客服沟通，客服表示这是平台规定，W先生不认可此说法，在线客服反馈到了后台，表示48小时内反馈。4月17日，W先生接到了后台客服的电话，仍然告诉W先生平台规定这部手机不能使用此优惠券，W先生表示领取之前优惠券并没有限制商品使用范围。争执一番后，后台客服表示会上报主管回复。4月19日，W先生接到主管的电话，主管的说法如出一辙，此外还说领取优惠券页面显示优惠券以实际领取为准，W先生不认可，主管表示优惠券是金融部门发出和运营的，会找金融部门协商解决。

可是两天过去了（4月22日），W先生没有收到主管的反馈电话，W先生再次联系一线客服要求主管回复，两小时后W先生收到了金融部门人员的回复电话，告知确实不能使用此优惠券，但是可以为W先生特殊申请现金抵用券50元和不限商品优惠券50元。W先生表示考虑一下做回复，因为W先生接到的电话显示为官方客服电话，所以W先生不能直接回拨联系，考虑同意后W先生联系一线客服告知可以，一线客服让W先生选择抵用券50元或不限商品优惠券50元，W先生告诉客服金融部门说的是"和"的关系，加起来是100，客服表示是选择一个，并不是两个同时享有。W先生以欺骗消费者为由将此电商平台投诉到了消费者协会。

4月24日，W先生收到了该电商平台总部客服电话，告知W先生购买手机后可以返回账户200元，但此时手机价格已经涨到了5100元，平台总部表示补300元差价，此事才告一段落。

问题

（1）哪些原因导致了W先生的投诉？

（2）该平台哪些处理方式需要优化？

二、纠纷的处理技巧

1. 快速响应，及时跟进

售后客服应在客户呼入30秒内及时回复，及时跟踪，耐心解答，让客户满意。如果商家很长时间没有回复顾客，顾客会因为等待时间过长而没有耐心，甚至增加不满。

2. 耐心倾听，真诚道歉

当客户感到不满时，客服人员要热情对待，不要急着去辩解、否认问题、推脱责任。顾客在反映问题时，可能会生气，甚至有一些愤怒、暴躁等不良情绪，作为客服人员，要耐心倾听，平息顾客的情绪。不要把客户的这些表现当作是对客服本人的不满，不管是商家的原因，还是快递公司的原因，客服人员首先都应真诚地向客户道歉，大部分顾客都会理解和原谅。

3. 仔细询问，详细解释

客户宣泄了不良情绪后，情绪一般会平静下来。这时客服人员可以记录客户的订单，查看之前的聊天记录，分析问题的根源，再耐心热情地向顾客解释，多站在客户的立场考虑问题，对客户的有效投诉表示理解。

4. 提出补偿，作出补救

如果是快递公司或商家的问题，应给予客户合理的补偿，包括心理补偿和物质补偿。在解决了客户的问题后，客服人员还可以在职权范围内赠送优惠券或赠品等，以期待客户的再次光临。

5. 后续追踪

在解决双方纠纷问题一周内，客服人员还可以对客户进行回访，询问客户的需求是否得到满足。保持与客户的长期联系，以培养成为忠诚顾客。

三、售后服务常用句式

（一）关于跟踪号

1. 关于询问跟踪号，如果我们没有跟踪号

Dear friend,

Thank you for asking. And we sent your item by China Post Air Mail which didn't have a tracking number. But don't worry, China Post is the biggest logistics company in China, and we believe that your item will arrive in time.

If by any chance, the item doesn't arrive in due, please contact us and we will do our best to solve it.

If there are any questions, please feel free to ask.

Have a nice day.

2. 关于询问跟踪号，有跟踪号

（1）跟踪号有用。

Dear friend,

Thank you for purchasing（item ID or item title）. We have shipped your item on ×××.

For your reference, the postal tracking number is below: ×××. Standard ship times are approximately 7 to 15 business days, however with the busy season shipping time, there may be a delay in international parcel delivery times. We promise we will provide a satisfactory solution for you if the item is not delivered. Your satisfaction is our utmost priority, please contact us if you have any concerns.

We apologize for your inconvenience. Your understanding is greatly appreciated.

Yours sincerely,

（Your name）

（2）跟踪号无用。

Dear friend,

Sorry, there may be something wrong with the postal system. So we cannot get the tracking number. But don't worry, we won't let you suffer any losses. Your item has been shipped on 29/10/2017, and had passed the chinese customs on 18/10/2017, it got delayed in the customs house. And the shipment usually takes 20 to 30 days. Please wait patiently. If you have any question, you can feel free to contact us.

Have a nice day.

（二）取消订单

1. 未付款

Dear friend,

Sure, we understand and we will cancel the transaction for you. Please don't worry.

Hope to do business with you next time.

Have a nice day.

2. 已付款（退完款后到 eBay 后台取消）

Dear friend,

How are you today?

We're willing to cancel the transaction for you, but we couldn't do that now. Because you have paid for it. Please don't worry, we will send a total refund to your PayPal account, then I could cancel your order, is it OK for you?

Hope to do business with you next time.

Have a nice day.

3. 已发货，无法取消

Dear friend,

How are you doing today? This is _____.

Thank you for telling us about that, we have check your parcel and we have to say sorry that it has been sent out. We can not stop the shipment. May be you can have put it on first and see if it is suitable after you receive it. The sweater is in a casual style, and maybe it just all right for you.

If you don't like it, and you can put it to your relatives or friends as a gift.

Sorry for the inconvenience and hope you can get it soon. Any questions, please feel free to contact us. We will try our best to solve it for you.

Have a nice day.

（三）没有收到货

1. 特殊情况致物流延误

（1）节假日。

Dear friend,

Thank you for purchasing and prompt payment. However, we'll have the National Holiday from Oct 1 to Oct 7. During that time, all the shipping service will not be available and may cause a shipping delay for several days.

Thanks for your understanding and your patience is much appreciated. If you have any other concerns, please just let us know.

Keep in touch.

Thanks.

（2）自然灾害导致物流延误（火山爆发）。

Dear customer,

We're sorry to inform you that your item delivery may be delayed for the volcanic explosion in South Iceland.

Due to this volcanic explosion, airlines to Europe have been cancelled, and many airports were closed either, which directly caused the shipping delay.

Your understanding and patience is much appreciated. We will keep tracking the shipping status, and try our best to resolve the problems that caused by this unexpected issue. If you have any other concerns, just let us know.

Keep in touch. Thanks.

（3）加强安检导致物流延误。

Dear customer,

I just got the notice that all packets（from all countries）to US would be subject to more strict screening by the customs. Due to the tightened customs control and screening, the shipping time to US will be longer than normal.

We appreciate your understanding and patience. You are also welcomed to contact us for your suggestions and any concerns.

Thanks.

2. 买家第一次询问，时间在20～40天内（如果顾客等待时间不长，尽量拖延15天）

Dear friend,

How are you today? This is_____.

We are sorry for the long-time waiting and your item had been shipped on 08/03/2017, this is a busy season of shipping, so it got delayed in the customs house. And the shipment usually takes 20 to 40 days. So could you please wait for another 15 business days?

If the package still doesn't arrive in due, please contact us and we will do our best to solve it and offer you a satisfactory solution. Is that OK for you?

Please don't worry, you won't suffer any losses.

If there are any other questions, please feel free to tell us. It's our great pleasure to serve you.

Have a nice day.

3. 货物未到，期限已过，对方语气强硬

Dear customer,

We are sorry for the long-time waiting and we quite understand that waiting is always something hard to endure.Your item had been shipped on 28/03/2014, it got delayed in the customs house. So the shipment usually takes 35 to 50 business days.

Could you please wait for another two weeks? If the package still not arrive in due, please contact us and we will do our best to solve it and offer you a satisfactory service.

Or if you do not want to wait any longer, we are willing to offer a refund you as our sincere apology, and it's really kind of you to return the payment when you get the item. Please feel free to tell us which way would you prefer? We just want you to know that your satisfaction is always our top priority.

Looking forward to your reply.

Have a nice day.

4. 买家再次询问，时间在 50 天内

Dear friend,

How are you today?

Thanks for your message. We are sorry for the long-time waiting and we quite understand that waiting is always something hard to endure. We really hope that the shipping time could be shorter, however, the shipping time is out of our control and it usually need less than 50 days for delivery due to the sales peak recently in China. Could you please wait for another 7 business days?

You know, the sales and the shipping peak is something that out of our control. Hope to get your kindly understanding that we won't let you suffer any losses and if the item does not arrive in due, we will provide a satisfactory solution for you.

Your kindly understanding and cooperation is much appreciated.

Thanks in advance and best regards.

5. 已显示妥投，但未收到货

Dear friend,

How are you today?

I have checked it and it shows that the post have delivered to you. So I can provide the tracking number × × × to you and suggest you to ask the clerk in your local post with the number.

Please feel free to contact us if you have any further question.

Have a nice day.

6. 经查，货物还在路上，已经在对方国家的海关，有信心很快就到了，再让对方等等（没有跟踪号）

Dear friend,

Sorry for the inconvenience.

We're so sorry for the long-time shipping, we believe that you will receive the item soon as we have rechecked with the customs and they told us that the item was pass your local customs. It is the way to your local post. Could you help to wait another several days?

You know sometimes something was out of our control, but we will try our best to solve the problems.

Please feel free to ask questions.

Have a nice day.

7. 让顾客去当地邮局询问

Dear friend,

We are sorry for the long-time waiting and your item had been shipped on 13/12/2017 and the shipment usually takes 35 to 45 days.

The item should have arrived, however it might encountered some troubles during the shipping.

We have checked the China Post and they said it has arrived at your country. Could you please recheck your local post to confirm it? May be you have forgotten to fetch it.

Once again we sent our sincere apology and hope you can get your item soon.

In any situation, please feel free to contact us.

Have a nice day.

8. 再等 7 天（超过 50 天）

Dear friend,

How are you today?

Firstly, we are very sorry for the shipping time. The shipping time usually takes 30 to 40 business days. Your item had been sent on 23/04/2017 and it should have arrived. It might encounter some problems during the shipment. We know it is too long and waiting is always so hard to endure. However, the shipping time is really something we can hardly control and we are also the victim of the shipping time. Could you please help to wait another 7 days?

Recently, we have some customers like you from Russia and they got their items in 55 ~ 60 days. They told me that the Russia customs house will detained the package from the foreign for a period of time, then delivered to the post office.

Please don't worry, you won't suffer any losses. Please trust us, if the item still not arrive in due, we are willing to offer you a satisfied solution, is that OK for you?

Looking forward to your reply.

Have a nice day.

9. 没收到货，提议退一半款（等待时间为 40 天以上或者等待时间过短，态度恶劣）

Dear friend,

Thank you very much for your email and kindness.

Don't worry, we will not let our customer suffer any losses. You know it is transportation peak season now. The shipping time is longer than normal. In order to enhance your trust to us, how about we offer you half refund first? If still not arrive next week, we will offer you another half refund, is that OK for you?

When the item arrive in the future, hope you could repay.

If you have any idea, please feel free to email us. We will do our best for you.

Waiting for your early reply.

Have a nice day!

（四）收到货

1. 收到货说有问题，要提供照片（如发错颜色、货物、有缺陷等）

Dear friend,

We are quite sorry for this situation. Could you please send us the pictures about this problem? And we will solve it for you. Please don't worry.

If there is any other situations, please feel free to tell me.

Hope to hear from you soon.

Have a nice day.

2. 货物有问题，但又不想/不能提供照片的

Dear friend,

We're so sorry for the unsatisfied purchase. We'd like to solve the problem, but we need the evidence that can shows the truth.

But if no pictures to show the problem. It's not reasonable. It's not about the money, it's about the principle.

If you think it was broken, you could send the picture and we will solve as soon as possible. Sincerely, we are not willing to let our dear valued customer suffer any losses. I can understand you. But we hope you could understand us. Could you take some photos? Any situations, please contact us firstly, we believe that good communications will solve the problem.

Hope to receive your picture soon.

Have a nice day.

3. 顾客发来图片，根据情况引导退部分款或全额款（错误在我方）

Dear friend,

We're so sorry for your unsatisfied purchase. We're willing to solve the problem.

Sorry for the poor quality, this kind of the product what you bought is too hot, maybe something go wrong in production. We have contacted manufacturer, and tell them to improve as soon as possible.

Sincerely, we are not willing to let our dear valued customer suffer any losses. We are willing to offer a partial /full refund to you as our sincere apology, is that OK for you?

Or if you have any other ideas, please feel free to tell me. I will try my best to satisfy your needs.

Looking forward to your reply.

Once again, we send our sincere apology.

Have a nice day.

Dear friend,

We are terribly sorry for the broken item, we understand how disappointed you will be about getting a broken item after waiting for so long. The item might be damaged during the shipment. The shipment is also something we can hardly control, but we are willing to refund all the payment to you as our sincere apology and hope you are not too disappointed. Is that sounds acceptable to you?

Or if you have any other ideas that can compensate you, please feel free to tell us.

We just want to ensure you a satisfactory buying experience from our store.

Looking forward to your reply.

4. 尺寸不合适

Dear friend,

We are so sorry about the long-time waiting and unsuitable size. According to our selling record, you had bought one dress which is size M, is that right? What is the size of the dress you got? Please don't worry, we are willing to solve this problem for you, and we just need more information about it. Looking forward to your reply.

Have a nice day.

5. 发错颜色

Dear friend,

How are you today? I am _____ , the customer service staff.

Firstly, thank you so much for purchasing. The item you ordered has been send to you. It is on the way.

But we realized that our warehouse have made a mistake about the color. The color you ordered is gold, maybe the item send to you is blue one. The post office don't allow us to take the parcel back.

So, if you receive the item later, the color is not gold, please email us, we will offer you compensation, is that OK for you?

Of course, if you have any idea, please do not hesitate to email us. We will do our best for you as you want.

Your support and kindness will be highly appreciated by us.

Thanks & best regards!

（五）退货

Dear friend,

We're so sorry to hear that you want to return it. If you really don't like it, we could provide you the return address, and we will give you the full refund when we get the item. But you should pay for the returned shipping fee. Is it OK for you?

Looking forward to your reply.

Have a nice day.

表 5-4 列出了一些常见情景下处理纠纷的常用处理方法。

表 5-4　常用处理纠纷的方法

处理方法	常见场景	处理建议	常用语句
（一）让客户发泄	A 客户情绪激动，语无伦次叙述衣服颜色不对	客户经常会带着怒气投诉或抱怨，这是十分正常的现象。此时服务人员首先应当态度谦让地接受客户的投诉和抱怨，引导客户讲出原因，然后针对问题解决。这种方法适用于处理所有类型的纠纷，是采用最多的一种方法	英文回复必须做到耐心聆听，令来电者、IM 沟通顾客觉得你是关心其纠纷的，并做出相应的反应或以不同的语句重复其主要论点，常用语句： Okay, I get it. 好的，我明白了。 I see what you mean. 我明白您的意思。 Mr/Miss × ×, I know exactly how you feel right now. 先生／小姐，我很明白您现在的心情。 I see, I just recorded your question in detail. 明白了，您的问题我刚详细记录下来了
（二）委婉否认法	B 客户主观自负，认为自己购买的优惠券不能使用是店铺的错，但实际可能与平台或金融机构有关，与店铺无关	使用委婉否认法避免陷入负面评价，当客户提出自己的购买异议后，服务人员应先肯定对方的异议，再陈述自己的观点。这种方法特别适用于澄清客户的错误想法，鼓励客户进一步提出自己的想法等场景，常常有出人意料的显著效果。委婉否认法，特别适用于主观自负且自以为是的客户	客户提出纠纷可能有理，也可能无理，但对方正显示不快时，你应先向对方致歉以平息其怒气，常用语句： Mr/Miss × ×, I'm very sorry to hear that too. 先生／小姐，我听到这件事也觉得非常抱歉
（三）主动解决问题，承认错误	C 先生投诉商品出错，经查确实是店铺发错货	如果产品瑕疵或服务质量不能令客户满意，就应当承认错误，并争取客户的谅解，而不能推卸责任，或者寻找借口，因为理在客户，任何推诿都会使矛盾激化。承认错误是第一步，接着应当在明确承诺的基础上迅速解决问题，不能拖延时间，在事发的第一时间解决问题成本会最低，客户会最认可	假如错在公司，必须向对方道歉并保证立即采取补救行动，常用语句： Mr/Miss × ×, I am very sorry that this happened, but I will try my best to fix it right away and help you solve the problem. × × 先生／小姐，发生这件事，我觉得十分抱歉，但我会马上尽力补救，尽力帮您解决这个问题。 当有需要时，向客户保证不会发生同样错误，常用语句： I hope you can trust me, and I promise you won't have such mistake the second time. 希望您能相信我，我保证不会有同样事情发生（此时可以告知顾客你的工号，或是姓名，让顾客增强信心）
（四）转移法	D 客户在下订单第三天就质问客服为啥还没到货	转移是指对客户的异议不予理睬而将话题转入其他方面。有时客户提出异议本身就是无事生非或者比较荒谬，这时最好不予理睬，而应当迅速地转移话题，使客户感到你不想与他加剧矛盾	令来电者知道你有心帮助他／她，提出各种可能解决问题的办法，常用语： Mr/Miss × ×, this is actually the best solution, but if you think it is inconvenient. I suggest × × ×. To see if we can arrange it this way. × × 先生／小姐，这其实是最好的解决方法，不过如您认为不方便的话，我建议……您看我们可不可以这样安排

✦ 知识链接

通常情况下，投诉客户的心理是希望尽快解决问题，问题解决好也可能继续使用商家的产品。因此，投诉客户大部分还会一直选择商家，是商家下一位服务的对象，投诉客户也可以为商家带来非常可观的价值，同时客户投诉也给商家带来了持续完善产品和服务的新契机。想清楚这些问题以后，让我们带着新的观念来积极地看待客户投诉，如图5-4所示。

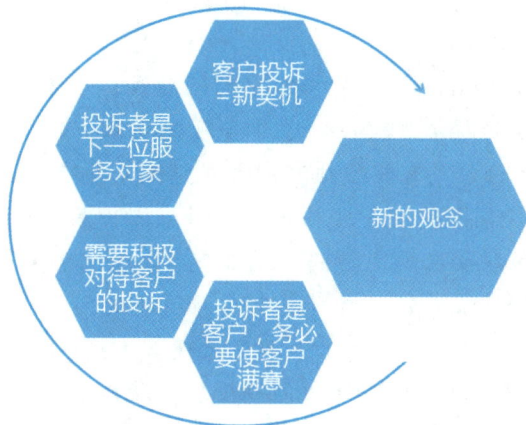

图5-4　面对投诉的新观念

一、投诉处理三原则

（1）尊重：以维护单位形象为原则，以尊重客户、理解客户为前提。

（2）同理心：将心比心，换位思考，向客户表示歉意和理解。

（3）首问责任：不推诿，做到问题到我为止，负责到底。

二、投诉处理四诀窍

（1）重复法。反复告诉客户你能做什么，直到客户接受为止。当客户提出的要求超出了我们的能力范围，客服就需要反复说明自己可提供的服务界限，直到客户明确了解并认同。

（2）持久战。对于不理智客户提出的无理化要求，如客户的要求超过企业的承担底线，我们要通过渐进接触的方式逐步说服客户接受我们的解决方案，分阶段处理，掌控好时间。这是一个持久的过程，需要我们做好打持久战的心理准备。

（3）冷处理。对于已经同意处理结果又反悔的客户，一般采取冷处理的方式，不要急于回复客户，维持原处理方案。让存在侥幸心理的客户打消不切实际的幻想，回归理性。

（4）赞美法。这是一种心理战术，通过另类的赞美法可以有效控制客户的期望值，避免客户提出无理要求，同时也会让客户趋向于接受我们提出的解决方案。例如，可以对客户说："通过与您的交流，我发现您是一位非常通情达理的客户，针对客户代表的工作失误我们对您做出 ×× 的补偿方案，我相信您一定会宽恕我们，给我们一次改造提升的机会的，对给您造成的不便，深感歉意。"

三、投诉处理五步骤

（1）安抚情绪接触问题。刚接触问题时，首先要安抚好客户的情绪，把控好自己的情绪，不受到客户不良情绪的影响，要意识到客户并不是对你生气。平复客户情绪的主要方法就是耐心倾听，通过耐心倾听让客户的情绪得以发泄，恢复理智，可以正常与我们进行交流。同时穿插使用客户安抚话术，如"您急切的心情我可以理解，我这边尽快为您处理"等。

（2）提问倾听了解问题。通过耐心倾听客户对问题的描述，我们可以充分了解到问题点，待客户情绪平复以后有针对性地进行提问，可以获取更多的信息点，为投诉处理方案的设计提供信息支持。

（3）控制期望分析问题。重点分析客户的问题和诉求点，针对合理化诉求，按照投诉处理流程给出合理的解决方案。对于非合理化要求，我们要在合理的范围内，通过渐进接触或打持久战的方式有效控制客户的期望值，最终达成共识。

（4）有效沟通解决问题。对于客户提出的诉求点，马上可以解决的问题就立即处理，短期才能解决的问题要在规定时间内处理完毕，现阶段无法直接解决的问题一定要及时提交工单，层层上报，针对所有没有立即解决的问题一定要定期回访客户告知问题的处理进展，让客户做到心中有数，避免出现二次投诉或升级投诉。

（5）跟踪问题闭环管理。对于客户问题处理完毕以后要定期跟踪回访，确认客户问题得以解决，做到问题的有效闭环。每周定期对客户投诉的问题进行分类汇总，针对共性的问题通过集中培训的方式有效规避同类问题的重复出现。个性问题可以通过单独辅导的形式帮助员工改进提升。对于典型的投诉问题一定做成客服中心学习案例，放入案例库中供全体人员学习，彻底做到问题闭环。

任务五　平台对纠纷的处理办法

一、纠纷的影响

（1）影响买家的购物体验，导致客户丢失；

（2）影响买家对平台以及卖家的信任，纠纷处理是考验卖家管理能力与服务能力的关键，只有有效合理处理好了客户纠纷，才能获取客户认同；

（3）影响交易顺利进行，作为客户，遇到纠纷时放弃购买是最快的办法，而商家则可能永远失去该客户及客户影响层的更多客户。

二、纠纷的处罚

（一）纠纷提起率

定义：买家提起纠纷扣除买家主动撤销纠纷的订单数与发货订单数之比。

计算方法：纠纷提起率＝［考核期内买家提起退款（dispute）订单数－买家主动撤

销退款的订单数 〕／〔考核期内买家确认收货＋确认收货超时＋买家提起退款（dispute）的订单数〕

（二）货不对板裁决提起率（又名货不对板仲裁提起率）

定义：买卖双方对买家提起的货不对板退款处理无法达成一致，最终提交至速卖通进行裁决（claim），即该订单进入纠纷裁决阶段。货不对板裁决提起率是指一定周期内提交至平台进行裁决的货不对板订单数与发货订单数之比。

计算方法：货不对板裁决提起率＝考核周期内提交至平台进行裁决的货不对板纠纷订单数／〔考核周期内买家确认收货＋确认收货超时＋买家提起退款（dispute）并解决＋提交到速卖通进行裁决（claim）的订单数〕

（三）货不对板卖家责任裁决率（又名货不对板仲裁有责率）

以下属于货不对版情况：

描述不符：存在颜色、尺寸、产品包装、品牌、款式／型号等方面的差距。

质量问题：货物出现品质、功能、使用方面的问题。

货物破损：买家所收到的货物存在不同程度的外包装或产品本身有损坏的情况。

货物短装：买家所收到的货物数量少于订单上约定的数量。

速卖通货不对版的考核周期是每月 27 号。而卖家为了避免货不对版的纠纷，一定得知晓货不对版的情况有哪些，不要让这项指标影响到店铺的正常经营，最后导致卖家自己苦不堪言。

计算方式如下：

对于珠宝手表、服装服饰、婚纱礼服、箱包鞋类、运动娱乐等经营大类：

一般违规：货不对板纠纷量，不少于 5 笔，5% ≤货不对板纠纷率 <20%。

严重违规：货不对板纠纷量，不少于 5 笔，20% ≤货不对板纠纷率 <50%。

特别严重：货不对板纠纷量，不少于 5 笔，货不对板纠纷率≥ 50%。

对于其他经营大类：

一般违规：货不对板纠纷量，不少于 5 笔，10% ≤货不对板纠纷率 <20%。

严重违规：货不对板纠纷量，不少于 5 笔，20% ≤货不对板纠纷率 <50%。

特别严重：货不对板纠纷量，不少于 5 笔，货不对板纠纷率≥ 50%。

任务六　客户维护的方法

客户维护的方法

一、客户关系管理的含义

客户关系管理已成为现代营销领域所关注的一个新热点。客户关系管理简称 CRM

（customer relationship management），关于 CRM 的定义，不同的研究学者有不同的表述。最早提出该概念的是 Gartner Group，他认为客户关系管理是一种以客户为中心的经营战略，企业通过对客户的细分来组织实施企业资源，以客户为出发点设置经营模式、业务流程，并通过这种方式来提高企业的利润，提升客户满意度。IBM 认为客户关系管理有两个层面，首先通过多种技术手段了解客户及潜在客户的需求，然后通过对客户信息的整合，预测客户想要获得的产品或服务，从而进行一对一的个性化服务。

综上所述，客户关系管理概括而言是利用相应的信息技术及互联网技术，协调企业与顾客间在销售、营销和服务上的交互关系，从而提升其管理方式，向客户提供创新式的个性化的客户交互和服务的过程，从而达到吸引新客户、留住老客户、提高客户忠诚度和客户利润贡献度的目的。

📖 情景案例

海尔新举措——为用户家电"过生日"

海尔星级服务再出新举措——为用户家电"过生日"，即在用户购买使用海尔家电周年时（平板电视每满一年，电脑每满三年，其他家电每满五年）主动送上"生日"礼物，包括赠送家电生日贺卡、对家电进行维护保养、征询用户意见等超值服务。这就把随叫随到的"被动式"服务升格为主动服务，不等用户打电话就主动登门给家电"体检"，把家电的"病情"消灭在萌芽状态。目前全国各地已有多家海尔用户迎来了给家中海尔家电过"生日"的海尔星级服务工程师。重庆南坪明佳园居民陈女士更是"双喜临门"：海尔人给她女儿和洗衣机一起过了生日。原来，五年前的 3 月 9 日，陈女士生下了女儿，当天老公特意买了台海尔洗衣机送给陈女士。海尔服务人员来陈女士家安装洗衣机时，细心的师傅无意中知道了购买这台洗衣机的"重要"意义，便在反馈安装信息时特别进行了备注。五年后，海尔服务人员特意买了生日蛋糕，给陈女士的女儿和洗衣机共同过生日：女儿美滋滋地吃着蛋糕，洗衣机从里到外被全面通检保养了一次。

当记者对海尔服务人员的"好记性"表示惊讶时，海尔售后服务有关负责人揭开了谜底：好记性是靠数字智能化的顾客服务信息系统做后盾。这个系统采用国际最新 CRM 客户服务信息技术，靠着这个数字智能化系统，海尔星级服务中心给每位海尔用户家电产品建立了档案，运用信息化的手段，服务人员轻轻一点鼠标，电脑里就会立即显示用户登记的相关资料，海尔服务人员可以根据这些记录为用户提供亲情化的服务。业内人士认为，海尔这种主动登门式的服务新举措，极大地满足了用户潜在需求，实现了与用户的零距离接触目标，自然会抓住消费者的痛点，服务同样赢得用户，服务同样创造价值。

🔍 分析

此案例中，海尔集团为客户提供量身定制的个性化关怀服务，会给客户带来一种积极的体验。海尔集团在客户需要的时间为客户提供符合客户特定需求的产品，赢得了客户的好感，增加了客户的满意度和忠诚度，从而为公司创造了一种独特的客户价值。

二、客户关系管理对企业的作用

客户关系管理是一种管理理念，它要求企业以客户为中心，实施特定的解决方案和业务流程。客户关系管理系统的形成，可以有效改善企业和客户之间的关系，从而提高客户满意度、忠诚度。客户关系管理系统对企业的作用体现在以下几个方面。

1. 规范企业操作流程，降低企业运行成本

为企业和客户提供统一的业务平台，避免了重复工作和人员流动的损失。通过自动化流程集成各种业务运营，将个人的工作纳入企业的规范管理业务流程中，并且将各种业务数据统一集合到数据库中。通过科学管理，企业更准确地对客户群进行分类跟踪，大幅度提高了企业客户关系管理的自动化程度，有效降低了销售成本和营销费用，从而降低成本，实现利润最大化。

2. 提高企业的工作效率

由于信息技术的应用，客户关系管理系统优化了企业业务的处理流程，自动化程度大大提高，缩短了业务处理的时间，简化了员工的工作。企业能够以多种方式直接与客户进行快速沟通，这很大程度上减少了客户的等待时长，让顾客感觉到企业的高效率，客户满意度从而得到提高。客户关系管理的有效实施可以降低原材料和产品的库存，缩短企业产品生产、销售周期，提高资金的周转率，从而给企业带来更多的经济效益。同时，客户关系管理系统对收集到的客户信息进行分析，可以预测市场活动、销售活动的变化趋势，也可以对客户分布及市场需求趋势的变化做出科学合理的预测，还可以依据客户的需求，快速制定出详尽的业务方案。

3. 提供针对性服务，与客户实现良性互动

过去的客户关系管理系统主要依靠客户咨询公司进行维护，而现在的客户关系管理系统不仅及时回应咨询需求并为客户提供服务，还为客户提供更加个性化和专业化的服务，从而成为企业改善客户服务关系的有效手段。通过客户个性化服务，企业也可以为客户创造更加贴心的服务。

4. 了解客户个性化需求，实现客户满意

在商品经济发达的今日，市场上同质产品越来越多，企业之间的竞争日益激烈。传统的企业管理专注于产品的研发、设计和制造，并没有更多地关注消费者的个性化需求。企业需要通过客户关系管理，真正了解客户的需求，根据客户需求来设计、定制产品，提供让消费者惊喜、满意的产品和服务，才能赢得客户、留住客户。

三、客户的分类

客户是企业的一项重要资源，它具有资源的可管理性特征。意大利经济和社会学家帕雷托的"二八法则"表明企业 80% 的利润来自 20% 的优质客户，这就说明了这

些优质客户对企业的重要性。

以下有两种方式对客户进行分类，我们可以针对不同类型的客户，采取不同的策略。

（一）按客户的价值

1. 钻石客户

钻石客户位于客户金字塔模型（图5-5）的顶部，他们对价格敏感度不高，愿意花钱购买自己喜欢的商品，也愿意试用新产品。钻石客户具有最大的顾客价值量和最高的顾客忠诚度，是企业最为理想的一类客户。这部分客户目前对企业的贡献价值大，预计在未来对企业的贡献也很大，是企业利润最主要的来源。对于钻石客户，企业做好关系维护是非常重要的。

2. 黄金客户

黄金客户位于客户金字塔模型（图5-5）的第二层，他们的特点是顾客价值量大但忠诚度欠佳，期望得到价格及其他方面的优惠。因此，黄金客户对企业的利润贡献率没有钻石客户那么高，但其表现出的高消费能力使其对企业当前的利益产生较大的贡献价值。企业可以按照针对黄金客户制定的营销策略适当加大对黄金客户的宣传引导力度，逐步提高其对企业的忠诚度，使之最终成长为企业的钻石客户。

3. 白银客户

白银客户位于客户金字塔模型（图5-5）的第三层，白银客户的顾客价值量和顾客忠诚度相对都不高，但是对于该类客户企业不可轻易放弃，应该采取的营销策略是尽快挖掘和提升顾客的价值量，使顾客对企业的满意度逐渐提高。

4. 重铅客户

重铅客户位于客户金字塔模型（图5-5）的底端，是顾客价值量和顾客忠诚度都很低的客户，他们不能给企业带来太多利润，往往对产品和服务的价格非常敏感，其消费支出水平和利润贡献大于对企业的消耗，对于这一类客户，企业可尽量让其成长，变成对企业有价值的客户。

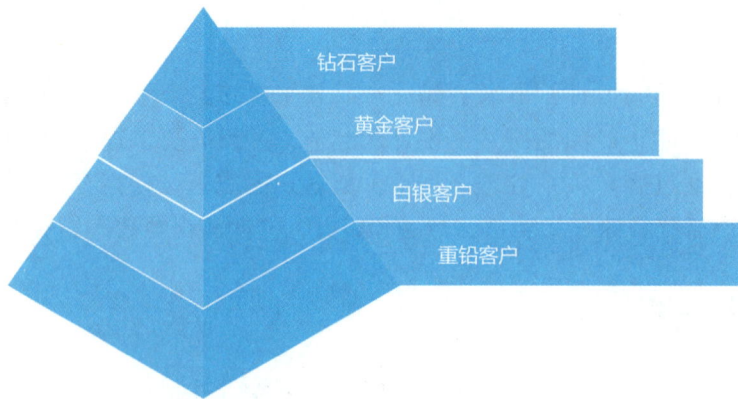

图 5-5　客户金字塔模型

情景案例

按照客户价值进行客户分类，提高销售利润

　　D先生是一家电子产品销售公司的经理，经过D先生及其团队的共同努力，公司的业务不断拓展。随着公司业务的发展，老客户越来越多，公司知名度也越来越高，甚至经常有新客户慕名打电话来咨询业务。一时间，公司上上下下忙得不亦乐乎，可还是有些重要客户抱怨公司的响应太慢，服务不及时，而将订单转向其他厂商。为此，D先生决定加大投入，招聘了更多的销售及服务人员，来应对忙碌的业务。

　　一年辛苦下来，可年终核算报告显示利润居然比去年还少！经过仔细分析，D先生发现了其中的症结所在：虽然不断有新的客户出现，但是他们带来的销售额却不大，而这些客户带来的销售和服务工作量却不小，甚至部分新客户还严重拖欠款项。与此同时，一些对公司利润率贡献比较大的老客户，因在忙乱中无暇顾及，已经悄悄流失。

　　为此，D先生改进了公司的工作方法：首先梳理客户资料，按照销售额、销售量、欠款额、采购周期等多角度数据进行测量，从中选出20%的优质客户；针对这20%的客户制定特殊的服务政策，进行重点跟踪和培育，确保他们的满意度。同时，针对已经流失的重点客户，采用为其提供个性化的采购方案和服务保障方案等手段，尽量争取客户回归；针对多数的普通客户，采用标准化的服务流程，降低服务成本。经过半年的时间，财务经理给出的半年核算报告显示利润额有了明显提升。

问题

　　（1）D先生所在公司原来的工作方法为什么效果不够好？

　　（2）D先生是如何改进工作方法的？为什么这样的改进能够使公司利润迅速回升？

　　（3）对一个企业来说，区分不同价值客户有什么意义？

（二）按客户的忠诚度

1. 忠诚客户

　　忠诚客户是指对企业的产品或服务有全面深刻的了解，对企业及企业的产品或服务有高度信任感和消费偏好，并与企业保持着长期稳定关系的客户。对于忠诚客户，企业应与客户建立良好的互动关系，制定相应的客户关怀方案。客户关怀可建立在数据库营销的基础之上，企业需要记录顾客的姓名、手机号码、生日等重要纪念日、消费记录、最后一次消费距今时间，等等。

2. 老客户

　　老客户是指与企业有较长时间交易关系的客户，其对企业产品有深入了解。维护老客户对每个企业来说非常重要，因为开发一个新客户所花的成本要比维护一个老客户的成本多得多。针对老客户，企业应进行适当跟进工作，拉近与客户之间的距离，长期与客户进行情感交流，使客户对品牌产生情感共鸣，提升客户对品牌的忠诚度。

3. 新客户

　　新客户是指对企业产品还不够了解，刚与企业有交易往来的客户。企业与新客户交流时可尽量营造轻松和谐的氛围，用事实说话打消客户的疑虑，做好充分的准备工作，提供个性化服务等，让客户认同企业的服务。

4. 潜在客户

潜在客户是指对企业的产品或服务有需求，但目前尚未与企业产生交易的客户。对于潜在客户，应让客户认同企业的产品，要结合产品的品牌诉求、情感诉求、功能诉求、原料诉求等从产品自身角度进行产品卖点推介。

四、客户满意度的相关内容

1. 客户满意与客户满意度的定义

自从美国学者 Cardozo 在 1965 年首次将"客户满意"的观点引入营销领域以后，学术界掀起了研究客户满意的热潮，客户满意也成为颇受企业推崇的经营哲学。菲利普·科特勒认为，客户满意度是指一个人通过对一种产品的可感知的效果与他的期望值相比较后所形成的愉悦或失望的感觉状态。Barky 认为，客户满意是指客户使用产品前的预期与使用后所感知的效果相比较的结果。奥利弗认为，客户满意是客户对服务实际状态与某一标准比较之后产生的心理反应，客户预期某种产品或服务能够满足自己的需要才会购买这种产品或服务。美国学者福尔克斯（Valerie S. Folkes）认为，客户满意是客户对服务结果进行评估与归因之后产生的情感。

通过以上几位学者的观点，我们可以总结为：客户满意是通过客户对一个产品或服务的可感知的效果与他的期望值相比较后所形成的愉悦或失望的感觉状态。客户满意度也叫客户满意指数，是指客户满意程度的高低，为客户体验与客户期望之差值。

2. 电子商务客户满意度

电子商务客户满意度，是指客户对电子商务企业的满意程度，是衡量电子商务企业利润的重要指标之一。对于电子商务商家来说，赢得竞争的关键在于更好地满足客户需求并为之创造价值。企业既要了解客户需求特征并提供相应的优质产品和服务，同时也必须向客户宣传本企业产品和服务以促进销售。

3. 客户满意度的作用

客户满意度是衡量企业服务质量的一个重要标准，是检验企业满足用户需求、达到用户满意的重要尺度。企业提高客户满意度，可以起到以下几点作用。

（1）通过降低交易成本增加企业盈利。

研究表明，企业挖掘一个新客户的成本是维护一个老客户的五倍。企业的顾客满意度越高，所拥有的老客户就越多，企业就不需要花费大量的资金来吸引新顾客，从而带来交易成本的节省。同时，高顾客满意度会给企业带来良好的声誉，满意的顾客也会经常向其他人传播企业的正面口碑，好的评价要比企业所做的广告和促销更加有效；满意的顾客也会经常购买该企业提供的其他产品或服务，从而提高企业的业绩。好的声誉对于企业还有"光环效应"，从而有力地帮助企业获得其他重要资产，如增加企业品牌无形资产、提高股票市场价值等。

（2）帮助企业获得重要的商业机会。

顾客可以参考权威机构发布的产品满意度指数报告，并将其作为选择商品时判断取舍的依据，这样可以降低顾客在选择产品时面临的风险。企业应该不断提高客户满意度指数，争取得到权威机构的认可和好评，从而得到顾客的信任，获得销量。企业应把顾客满意度衡量当作重要的商业机会，努力提高企业产品在顾客心目中的形象，这比企业自己在各种媒体上的产品广告更加可靠有效。

（3）有利于企业分析差距，改进产品。

如果顾客在产品购买及使用期间遇到产品或服务问题，就可以在顾客满意度测评中直接反映出来，企业商家或生产商都应高度重视这种信息，迅速采取措施改进产品和服务，使产品和服务日趋完善、可靠，力求使顾客从不满意转向满意。

（4）有利于顾客获得超越期望的产品。

不同企业在同类产品之间的竞争，其目标都是为了赢得顾客从而赢得市场，顾客在市场竞争中始终处于主动地位。通过顾客满意度测评，企业能准确地了解顾客的想法，发现顾客的潜在要求，明确顾客的需要、需求和期望，并将这些需求及时地转化成产品和服务成果，使产品和服务质量越来越接近顾客的需求，进而实现超越顾客的期望，赢得客户的满意。

4. 影响电子商务顾客满意的因素

在电子商务中，顾客满意的程度不仅源于产品的实物价值，更重要的是源于产品的精神价值。在电子商务交易中，影响顾客满意的因素一般包括五个方面：理念满意、形象满意、行为满意、产品满意和服务满意。

（1）理念满意。

企业理念是带给客户的心理满足状态，它包括客户对企业经营哲学的满意，对经营宗旨、价值理念、企业精神的满意等。

（2）形象满意。

电子商务的企业形象包括企业的域名、标志、产品包装等。企业形象能否真实反映企业的精神文化，以及能否被社会各界和公众舆论所理解和接受，在很大程度上取决于企业自身的主观努力。如果企业给消费者一个恶劣的形象，很难想象消费者会选择其产品。

（3）行为满意。

电子商务企业行为满意包括行为机制满意、行为规则满意、广告行为满意、服务礼仪满意等。企业行为是企业为实现经营目标进行的有规则的活动。企业行为满意遵循价值规律，保证生产者、消费者利益的有机结合。

（4）产品满意。

产品满意包括消费者对产品质量、价格、功能、设计、包装、品种、品位等方面的满意，还表现在功能、样式、可靠性等方面的满意。在网络营销中，电子商务企业除了向顾客提供高质量的产品外，还可以发挥网络优势，通过个性化产品定制服务来达到客户满意。

（5）服务满意。

服务满意包括服务的可靠性、及时性、准确性、安全性、连续性、完整性、情感性等。企业可以通过提供便利快捷的服务，明确服务承诺，增加顾客价值，减少顾客成本，进而提高顾客服务的满意度。

📖 情景案例

提高电子商务客户满意度，解决客户差评

一位女性顾客在一跨境电商平台某服饰店购买了一件 T 袖衫，交易完成后，该顾客给了差评，在评论中顾客指出给差评的原因主要有三个：一是购买时店小二的态度不够热情，响应速度实在太慢；二是物流速度太慢，一个星期后才收到货；三是衣服有瑕疵，颜色和商品图片的颜色有差别。

💬 问题

差评会对网店带来很不利的影响，假如你是这家网店的客服，老板要求你马上和这位顾客联系沟通，尽可能挽回损失，希望由差评改为好评，你该怎么做呢？

5. 提高电子商务客户满意度的途径

（1）提供"个性化"产品和服务。

随着生活质量的提高，消费者对产品的要求越来越注重个性化和差异化。通过互联网，用户可以同商家讨论其实际需要什么样的产品，并且可通过生产商的专家意见，生产出自己设计所需的产品。个性化和大规模定制改变了传统的产品概念，产品是用户参与设计的，最能符合用户需求。

（2）加强电子商务网站建设服务。

顾客为了更好地对公司和产品进行深入了解，经常会访问公司的网站并希望企业网站能够提供全面的产品信息。企业网站可以发布有利于企业形象、提升顾客服务及促进销售的相关信息，如企业新闻、产品信息、促销信息、招投标信息及招聘信息等。在用户浏览网站的过程中，用户体验很重要，网页画面能够吸引人，打开网页的时候不能太卡顿。企业还可通过建立网上的自助服务系统，依据客户的需要，自动、适时地通过网络提供优质服务，建立快捷及时的信息发布系统，使企业的各种信息能及时地传递给消费者；同时还可以建立信息的实时沟通系统，随时收集、整理、分析消费者的意见和建议。因此，一个功能完善的企业网站相当于一本可以随时更新的产品宣传资料，企业加强电子商务网站建设服务，灵活地向用户展示产品说明等信息，有利于提升企业自身的服务质量。

（3）加强消费者和商家情感上的沟通。

商家可以通过销售平台跟客户建立更深层次的联系，以满足客户的多样化需求。通过收集用户购买信息，向客户推荐类似产品介绍，并通过收集客户对产品的评价来改进产品。在对收集的客户购买记录进行深入分析之后，还可以推荐与客户需求相关的产品，而不仅仅是类似的产品。这使客户与商家之间的交互连接更加紧密，从而提

高客户满意度。商家还可以在节假日或用户生日当天，为用户发送祝福。用户有了舒适的购物体验，就会认可商家，对商家的情感依赖性和信任度也会日益加深。

（4）用快捷的物流服务提升满意度。

在网络营销中，如果仅仅提供了产品选择的便利，这只完成了购买过程的一半，更关键的是要有快捷的物流及时把产品送到买家手中。近几年，大型仓库的建立，无人机和无人车等高科技运输方式的出现，使配送效率大大提高，物流质量也不断提高。企业物流还可以通过官方网站、App、微信公众号、小程序等帮助客户实时关注物流信息，提升购物体验。

（5）加强关系营销，塑造以顾客为导向的企业文化。

关系营销强调企业与顾客之间的互动，力求建立稳定的、兼顾双方利益的长期合作关系。企业通过顾客服务、顾客参与、顾客组织化等具有较高透明度的方式来进行关系营销，其目的在于减少交易成本、提升顾客价值。电子商务企业与客户之间交易的最大特点是"以顾客为导向"，塑造提高客户满意度的企业文化，企业全体员工充分了解客户满意的重要性，改善客户满意度，使这种企业文化真正扎根于企业。企业可以通过提供免费送货、无条件换货、降低价格等方式，在顾客心目中建立良好的印象，进而促进顾客连续购买，同顾客建立起一个长期依存的关系。通过这种方式，员工将真正考虑客户，并使客户感受到服务的诚意。

📖 情景案例

"豆豆童鞋"对客户进行的分层管理

"豆豆童鞋"是一家专门销售童鞋的网店，该家店铺的童鞋质量很好，服务口碑也不错，网店的订单量近期急剧增加。由于顾客群体越来越大，店主开始使用卖家工作台对顾客进行分析和管理：通过为顾客打标签的方式对顾客进行分层管理。自从系统地对顾客进行分析管理后，"豆豆童鞋"与顾客之间的关系十分融洽，不仅商品得到顾客的一致好评，服务态度也得到了买家的肯定，很多老顾客都向亲朋好友介绍豆豆童鞋，称其物美价廉，服务好，态度佳，是一家值得推荐的好网店。

💬 分析

此案例中，由于卖家及时对客户关系进行维护，积极主动和客户进行沟通，而且通过打标签的方式分析不同顾客的购物需求，从而进行精准销售，为网店带来收益。

五、客户忠诚的相关内容

（一）客户忠诚与客户忠诚度

1. 客户忠诚的定义

客户忠诚是客户对企业与品牌形成的情感维系和情感依赖。客户通过多次愉快的购买体验得到了舒适感和信任感，他就可能频繁地购买该企业的产品，也可能更愿意使用或购买新产品和其他相关产品，并且向新客户传播有利于企业与品牌的信息。客户忠诚的内涵包括以下几个方面。

（1）客户行为特性。对某一品牌或某一品牌系列产品进行多次的重复购买行为。

（2）客户态度特性。乐意向周围的亲朋好友进行宣传，不受竞争者营销行为影响。

（3）客户忠诚的完整性。除对企业产品的忠诚之外，客户还会表现对企业无形服务的忠诚。

2. 客户忠诚度的定义

客户忠诚度指客户忠诚的程度，是指客户由于产品的价格、质量或相关的服务等对企业的某种产品和服务形成一种偏爱并愿意长期重复购买其产品和服务的程度。客户忠诚与客户满意度相近但不同，如果说客户满意度仅仅是客户的心理感受，那么客户忠诚度是客户的一种行为，它通常是一种结果的表现。

（二）电子商务客户忠诚

电子商务客户忠诚是指在电子商务环境下顾客对线上某企业产品或品牌持续的关注和重复消费的程度，也就是指客户对线上某一特定产品、服务、商家、品牌或其他方面有较强的好感，并对此形成了偏好，从而达到重复购买的一种情感与行为趋向。

（三）客户忠诚的类型

1. 垄断忠诚

垄断忠诚指企业或产品在行业中处于垄断地位，消费者无论满意与否，只能长期使用这些企业的产品或服务。

2. 亲缘忠诚

亲缘忠诚指企业的员工或员工的亲属因为忠诚于企业所以忠诚于企业的产品。例如，某汽车企业的员工或亲属大多会选择该品牌汽车，电信公司的员工或亲属会使用自己公司的电信产品。

3. 惰性忠诚

惰性忠诚指客户由于惰性原因而不愿意去寻找其他的供应商，特点是低依恋，高重复购买。

4. 价格忠诚

价格忠诚指客户忠诚于提供最低价格的零售商，特点是对价格敏感，低依恋，低重复购买。

5. 信赖忠诚

信赖忠诚指客户对产品或服务满意，并逐渐建立一种信赖关系，特点是高依恋，高重复购买。此类客户对企业最有价值。

（四）客户忠诚的作用

1. 节省企业综合成本

忠诚客户与企业之间形成了稳定的关系，再加上随着客户忠诚度提高而产生的口碑效应，可以使企业降低营销成本。在互联网微利时代，忠诚营销越来越重要，培养顾客忠诚观念，有利于企业节省综合成本，增加其核心竞争力。

2. 增加企业综合收益

忠诚客户持续购买某种产品或服务，对该企业的产品和品牌形成信任及情感依赖，会降低其对价格的敏感度，给企业创造更多的销售收入。客户忠诚度越高，企业获得的价值就越大，因此，忠诚客户给企业带来的收入会远大于新客户带来的收入，高客户忠诚度可以提高客户价值。

3. 获得良好口碑效应

俗话说"金杯、银杯不如百姓的口碑"。忠诚客户在消费过程获得的满意，往往将这种满足感口头宣传给其他人，分享自己愉快的购物经历。根据口碑营销效应，一个满意的客户将会触发 8 次潜在的业务，一个不满意的客户将会影响 25 人的购物意愿，因此，企业维护好忠诚客户，获得良好口碑，是非常重要的。

4. 促进企业良性发展

企业要想留住忠诚客户，必须不断发展改变，来满足客户不同时期的不同需要。这就要求企业在考虑客户的需求和利益的前提下，合理分配和利用资源，以客户为中心设计业务流程及组织结构，设计出以保持客户忠诚度为目标的业务流程，从而促进企业良性发展。

（五）影响我国电子商务客户忠诚度的主要因素

1. 企业品牌和信誉

品牌 Logo 通常由文字、符号、图案和颜色等要素组成，用以识别企业和其他竞争对手的产品和服务的标记。企业要维护好自己的品牌形象和声誉，就需要恪守对消费者的承诺，并注重企业品牌的产品质量。因此，企业品牌有助于促进产品销售，树立企业形象。

对于消费者来说，名牌产品更是产品质量及服务质量的体现，也是消费者身份和地位的象征。由于电子商务的虚拟性，网上购物使消费者与商家之间存在着"看不见、摸不着"的情况，消费者承担着比在实体店购买更大的风险。因此，顾客网上购物会更倾向于选择所信任的企业和品牌，并保持长期的品牌忠诚。事实上，许多顾客在选择商品时，最看重的因素是"品牌"或"口碑"。

2. 服务质量

电子商务企业的服务质量对维护客户忠诚度有着更为直接而根本的影响，企业的优质服务能让客户自始至终都拥有美好的消费体验。为了让客户拥有更加愉快的购物体验，电子商务企业在网络上提供了许多购物直播间，使客户可以更加直观体验商品，以帮助客户找出潜在的心理需求，激发购买欲望。

3. 客户的满意度

研究表明，客户对某企业的满意程度越高，重复购买该企业产品的次数越多，从而对该企业的忠诚度也就越高。客户满意是推动客户忠诚度的最重要因素之一，企业提供了丰富的产品信息和配套的售后服务信息，跟客户有良好的互动，建立了安全的网络信用体系，这些都是影响客户满意度的因素。

4. 购物的方便性

电子商务企业面对的是成千上万的消费者，物流配送的效率会直接影响网络消费者对企业的忠诚度。由于地理位置等因素的制约，网络消费者如果不能很方便地获得产品，可能就会放弃对该企业的忠诚，转而选择其他店铺。

5. 转换成本的高低

转换成本是指客户从一个供应商转向另一个供应商购买商品时的一次性成本。如果客户从一个企业转向另一个企业购物，可能会损失时间、精力和金钱，这种成本不仅仅是经济上的，也是时间、精力和情感上的。因此，高转换成本构筑了高转换壁垒，当改变供应商需要付出较高的转换成本时，客户可能不愿意更换供应商。目前，企业常用会员制、积分返还等构筑转换成本，以此来提高客户的忠诚度。以航空公司为例，不同的航空公司为自己公司的客户申请成为 VIP 会员，为他提供累计的积分，当积分达到一定的标准时可以兑换礼品、机票，免费行李托运，享受贵宾休息室、升级为头等舱等服务。航空公司通过让 VIP 会员感受到自己受到公司的优待，从而提升顾客的忠诚度。

📖 情景案例

泰国东方酒店的成功秘密

企业家张先生到泰国出差，下榻东方酒店，这是他第二次入住该酒店，次日早上，张先生走出房门，准备去餐厅，楼层服务生恭敬地问道："张先生，您是要用早餐吗？"张先生很奇怪，反问你怎么知道我姓张？服务生回答，我们酒店规定，晚上要背熟所有客人的姓名。这令张先生大吃一惊，尽管他频繁往返于世界各地，也入住过无数高级酒店，但这种情况还是第一次碰到，张先生愉快地乘电梯下至餐厅所在的楼层，刚出电梯，餐厅服务生忙迎上前："张先生，里面请。"张先生面带微笑，对这家酒店的服务非常满意。

张先生回到台湾三年后，他收到东方酒店在他生日时寄来的一张贺卡，上面写道："张先生，你有三年没有到我们东方酒店下榻了，我们全体员工都在想念您。"结果，张先生感动万分，发誓以后到泰国一定要住到东方酒店。正是因为这些服务，东方酒店成为世界十大酒店之一，订房起码要提前三个月才能订到。

💬 问题

东方酒店是如何培养顾客忠诚度的？

（六）提高电子商务客户忠诚度的途径

1. 不断进行技术创新，提高产品的质量

优胜劣汰是市场经济发展的必然结果，也是市场经济主体参与市场竞争，实现健康、

良好发展的内在要求。在电子商务模式下，客户可以根据价格、销量、信用等进行综合排序，会选择质量更好、服务更优的商家来购买产品。如果电商企业的产品不具备竞争优势，客户就不会关注和购买，产品销量就会很小。因此，电子商务企业要通过分析市场数据采用多种技术和手段，生产适销对路、顺应市场需求的产品，从而赢得客户的关注。

2. 以客户为中心，提供个性化服务

电子商务环境下，电商企业为了提高转化率，可对客户的信息进行挖掘，根据客户需求动态调整页面，向客户展示个性化的页面，为客户提供特有的一些商品信息和广告，以使客户能够对企业继续保持兴趣，并对其产生一定的依赖。同时，企业可借助即时交互沟通工具了解线上顾客的真实需求和潜在需求，更有针对性地抓住客户消费心理来满足其需求，实施一对一的个性化服务，从而与消费者建立长期的良好合作关系，增进顾客对企业产品或品牌的忠诚度。

3. 引入网络体验式营销，改善客户体验

体验式营销是以企业创造引导并满足顾客的体验需求为目标，以有形的产品为载体，通过网上的虚拟环境，组织客户参与企业活动，使客户对产品获得尽可能多的真实和个性化的印象。电子商务网站运用体验式营销可以让客户浏览和购买商品时获得良好的购物体验，让推销的手段变成温馨的提醒，同时增强用户关怀与个性化服务，邀请会员参加营销活动，使用户愿意再次访问和购买。

4. 利用会员数据库提升客户忠诚度

企业可通过建立一个数据库系统来改善营销的绩效，数据库系统资料主要包括客户基本资料、消费情况、消费喜好、购买行为、生活状态等。企业建立客户信息数据库，将老客户和潜在客户的数据信息纳入数据库，根据大多数客户的需求动向来调整企业的产品结构、服务策略和销售方法等，使企业的产品能更符合市场的需求，从而增加销量，提升企业的市场竞争能力和经济效益。

📖 情景案例

以优质服务塑造客户对公司的忠诚度

新加坡航空前总裁 Joseph Pillay 在创业伊始就不停地向员工塑造和灌输"关注客户"的思想。事实上，正是由于持之以恒地关注客户需求，尽可能为客户提供优质服务，新航才有了今天的成就。在几十年的经营中，新航总是果断地增加最好的旅客服务，特别是通过预测旅客的需求来推动自身服务向更高标准前进。早在 20 世纪 70 年代，新航就开始为旅客提供可选择餐食、免费饮料和免费耳机服务；20 世纪 80 年代末，新航开始第一班新加坡至吉隆坡之间的"无烟班机"；1992 年初，所有飞离新加坡的新航客机都可以收看美国有线电视网络的国际新闻；2001 年，新航在一架从新加坡飞往洛杉矶的班机上首次推出了空中上网服务——乘客只需将自己的手提电脑接入座位上的网络接口，就可以在飞机上收发电子邮件和进行网上冲浪。在过去 3 年内，新航花费将近 4 亿元提升舱内视听娱乐系统，为将近七成（所有远程飞机）飞机换

上这个系统，花费了超过6亿元来提升机舱娱乐设施和商务舱内饰。

随着竞争的加剧，客户对服务的要求也像雨后春笋一样疯长，"人们不仅仅把新航和别的航空公司做对比，还会把新航和其他行业的公司从多个不同的角度进行比较"。为了在竞争中保持优势地位，新航成了世界上第一家引入国际烹饪顾问团和品酒师的航空公司，该顾问每年为新航提供4次食谱和酒单。"新航对待员工的培训几乎到了虔诚的地步！"在以动态和专注于培训而闻名的新航，从上到下，每个人都有一个培训的计划，一年会有9000名员工被送去培训。新航所属的新加坡航空集团有好几个培训学校，专门提供几个核心的职能培训：客舱服务、飞行操作、商业培训、IT、安全、机场服务和工程检修。即使在受到经济不景气的打击时，员工培训仍然是新航重点投资的项目。

注意倾听一线员工的意见是新航的另一个传统，因为他们认为机组人员和乘客的接触是最紧密的，他们是了解客户的"关键人物"。

新航不仅致力于为客户提供优质的服务，而且通过各种方式力求控制服务成本与商业利润之间的平衡。的确，新航希望提供最好的座椅、最好的客舱服务、最好的食物及最好的地面服务，但是它同时还要求代价不能太大。

在1972年，新航还只是一个拥有10架飞机的小型航空公司，如今，几乎每年新航都会获得各种世界性的营销服务大奖，也一直是世界上最盈利的航空公司之一。对于这家保持多年领先并总是能够获得丰厚利润的航空公司而言，成功的原因可能很多，致力于培养员工和客户对企业的忠诚度，无疑是其中一个重要的答案。

📖 知识链接

亚马逊的售后服务

售后买家可能对交易还存在诸多疑问，卖家这时就需要掌握一些沟通技巧，做好售后服务，及时化解纠纷，让老买家成为您的交易"稳定器"。售后的沟通需要注意以下几点。

一、主动联系买家

卖家在交易过程中应当主动联系买家。买家付款以后，还有发货、物流、收货和评价等诸多环节，卖家需要将发货及物流信息及时告知买家，提醒买家注意收货。这些沟通，既能让买家及时掌握交易动向，也能够让买家感觉受到卖家的重视，促进双方的信任与合作，从而提高买家的购物满意度。此外，当出现问题及纠纷时，卖家也可以及时妥善处理。

二、注意沟通的方式

一般情况下，卖家尽量以书面沟通的方式为主，应该避免与国外买家进行语音对话。用书面的形式沟通，不仅能让买卖双方的信息交流更加清晰、准确，也能够留下交流的证据，利于处理后期可能出现的纠纷。卖家要保持在线，经常关注收件箱信息，对于买家的询盘要及时回复；否则，买家很容易失去耐心，卖家也很可能错失买家再次购买的机会。

三、注意沟通时间

由于时差的缘故，卖家日常工作（北京时间 8 点至 17 点）的时候，会发现大部分国外买家的即时通信都是离线的。当然，即使国外买家不在线，卖家也可以通过留言联系买家。不过，我们建议供应商应尽量选择买家在线的时候联系，这意味着卖家应该学会在晚上的时间联系国外买家，因为这个时候买家在线的可能性大，沟通效果更好。

四、学会分析买家

首先，要了解买家所在地的风俗习惯，了解不同国家的语言文化习惯，以便沟通时拉近距离，并且有针对性地对买家进行回复。其次，要学会从买家的文字风格判断买家的性格脾气。

五、发货及物流服务

保证产品质量、货运质量是获得买家好感与信任的前提条件。没有在这些方面打牢基础，再好的服务也无法将买家转化为忠实的老买家。买家维护有如下三大基础。

1. 发货前要严把产品质量关

在上传产品的时候，您可以根据市场变化而调整产品，剔除供货不太稳定、质量无法保证的产品，从源头上控制产品质量。

提醒您在发货前注意产品质检，尽可能避免残次物品的寄出，好的产品质量是维系客户的前提。

2. 加强物流环节的把控

买家下单后，及时告知买家预计发货及收货时间，及时发货，主动缩短买家购物等待的时间。

国际物流的包装不一定要美观，但须保证牢固，包装一直是买家投诉的重要原因。对数量较多、数额较大的易碎品可以将包装发货过程拍照或录像，留作纠纷处理时的证据。

3. 物流过程与买家及时沟通

在物流递送的过程中，买家是想了解产品货运进展的，及时良好的沟通能够提高买家的交易感受，亚马逊提供了与买家保持沟通的三个交易关键点的邮件模板。

在产品发货后，告知买家相关货运信息：

Hello sir/madam,

It's a pleasure to tell that the postman just picked up your item from our warehouse. It's by EMS, 5 ~ 7 working days to arrive.

Tracking number is ×××××× .

Tracking web is ×××××× .

You can view its updated shipment on the web, which will be shown in 1 ~ 2 business days. Also our after sales service will keep tracking it and send message to you when there is any delay in shipping.

We warmly welcome your feedback.

您好！先生 / 女士：

非常高兴地告知您，邮递员刚刚取走您所买的产品。您的产品将通过 EMS 的

方式，在 7 个工作日后到达您那里。物流单号为 ×××××，物流查询地址为
×××××。

物流信息更新到网页上需要 1 ~ 2 个工作日，我们会实时查看物流信息，如果
物流出现耽搁，我们会及时地告知您。

期待您的回馈！

PS：告知买家产品已经发货，并给买家一个初步的交易等待时间。如果小包碰到
物流堵塞的意外，也可以在这封邮件里告知买家，让买家做好产品延迟到达的心理准备。

货物到达海关后，提醒货运相关进展：

Hello sir/madam,

This is ××. I am sending this message to update the status of your order. The
information shows it was handed to customs on June. 19. Tracking number：×××××.
You can check it from web：×××××.

You may get it in the near future. Apologize that the shipping is a little slower than
usual. Hope it is not a big trouble for you.

Best wishes.

您好！先生 / 女士：

我是 ×× 客服人员，告诉您订单的新进展情况，新的物流信息显示，您购
买的产品已经在 6 月 19 日到达贵国海关。物流单号为：×××××，您可以在
××××× 网站上查询物流信息。

您将马上收取到您的产品，邮递时间有点耽搁，敬请谅解，希望这不影响您对
产品的使用。

祝您好运！

PS：在产品入关的时候告知客户货物的投递进展。如果遇到货物拥堵的情况，对
买家表示歉意。如果产品需要报关，可以在此通知买家提前准备。

货物到达邮局，提醒买家给予好评：

Hello sir/madam,

This is ××. I am sending this message to update the status of your order. The
information shows it is still transferred by Sydney Post Office. Tracking number：
×××××. Please check the web ×××××.

You will get it soon, please note that package delivery. Hope you love the product
when get our products. If so please give us a positive feedback. The feedback is important
to us. Thank you very much.

Best wishes!

您好！先生 / 女士：

我是 ××。告诉您订单的新进展情况，新的物流信息显示，您的产品仍由悉尼
邮局传送。物流单号为：×××××，您可以在 ××××× 网站上查询物流信息。

您很快就能收到货物，请注意包裹的投递，希望您在收到产品的时候能够喜欢。
如果是这样，请给我们一个好评，这对我们非常重要。非常感谢。

祝您好运！

PS：在投递过程中提醒客户注意不要错过投递信息，保持手机通话畅通。同时，可以提醒客户给卖家留好评。这样能有效降低差评出现的可能性，增加买家对您服务的评价。

六、做好买家信息管理，主动出击，进行二次营销

一次简单的交易到买家确认并给予好评后就结束了，但一个好的卖家仍有很多事情可以做。通过对买家交易数据的整理，可以识别出那些有潜力持续交易的买家和有机会做大单的买家，从而更有针对性地维系与他们的关系并推荐好产品，从而使这些老买家持续稳定地下单。

🎧 思考与练习

在百度等搜索网站查找资料，收集 2022 年天猫"双十一"销售额前 10 名的商品售后 30 天退款及投诉情况，将搜索结果填入表 5-5 中。

表 5-5　退款及投诉情况

销售排名	品牌企业	退款率	退款次数	投诉率	投诉次数
1					
2					
3					
4					
5					
6					
7					
8					
9					
10					

模块六
跨境电商平台案例分析

跨境电商企业客户服务典型案例 –01

类目：园林　　案例序号：跨境企业 01

案例来源	平台：亚马逊 国家：欧美 https://www.amazon.com/Ausluru−Polished−Decorative−Succulents−Landscaping/dp/B09MYQPZBQ/ref=sr_1_247?crid=1GDUFZ6K2PIM0&keywords=cobblestone&qid=1663128045&sprefix=cobblestone%2Caps%2C349&sr=8−247	
案例背景描述	鹅卵石（2019 年 6 月） 　1. 产品信息：一吨费用 1200 元人民币，包装贴标费用 3500 元人民币，每次运输 7 吨到海外仓库需运费加税费 2 万元人民币；10kg 售价 39.99 美金，2.5kg 售价 18.99 美金。 　2. 产品特性：国外无法生产加工，居住环境决定市场需求大，其中有一笔订单，一名客户买了 70 多袋 10kg 包装的。 　3. 产品用途：院落装饰，盆景装饰。 　4. 销售范围：欧美市场 	模拟案例情景，学生填写模拟实训记录

问题处理流程

步骤一：成交之前，客户咨询大小、尺寸和图片，询问用途。因为产品和销售平台在亚马逊，所以没有谈价的环节。

步骤二：客户下单后由海外仓直接发货。

注：对于本类商品，客户收到货后一般无售后，最多情况是客户发现差数量，要求补发

按企业规定流程进行模拟实训，填写记录

知识点回顾记录

关键知识提炼

一、收集亚马逊平台规则
二、了解与美国消费者沟通的技巧和礼仪
三、复习课本知识：
模块二　跨境电商客户服务及策略
任务三　跨境电商客服沟通技巧
任务四　商务英语函电内容及写作

模块三　售前沟通与服务
任务一　跨境电商售前信息推送
任务二　跨境电商售前咨询
任务三　跨境电商售前服务

跨境电商企业客户服务典型案例 –02

类目：3C 产品　　案例序号：跨境企业 02

案例来源	平台：亚马逊 国家：欧美 https://www.amazon.com/stores/page/A3D2DE65–CE68–431C–BCB4–22C6768BB264?ingress=0&visitId=e1bf2cbb–d741–496c–9738–e8145cd6ce7e	
案例背景描述	投影仪（2020 年） 　1. 产品信息：进价 265 元人民币一个，售价 89.99 美金，每次运输 100 个到海外仓，运输费用 134 元人民币左右。 　2. 产品特性：2020 年升级投影机，亮度 5000 流明，原生分辨率 720p，支持 1080p 分辨率，具有 40 ~ 140 英寸的投影显示尺寸，投影距离为 1.2 ~ 4 m，HDMI/USB/3.5mm 音频。视频投影仪通过 HDMI 输入与 PC/ 笔记本电脑 /DVD/PS3/PS4/Xbox 完美连接；通过音频端口连接耳机 / 外置扬声器；通过 USB 端口连接 U 盘 / 硬盘设备 	模拟案例情景，学生填写模拟实训记录

步骤一：客户咨询。客户咨询商品的大小尺寸、使用电压、安装方法，以及可否连接到电视等问题。

按企业规定流程进行模拟实训，填写记录

问题处理流程

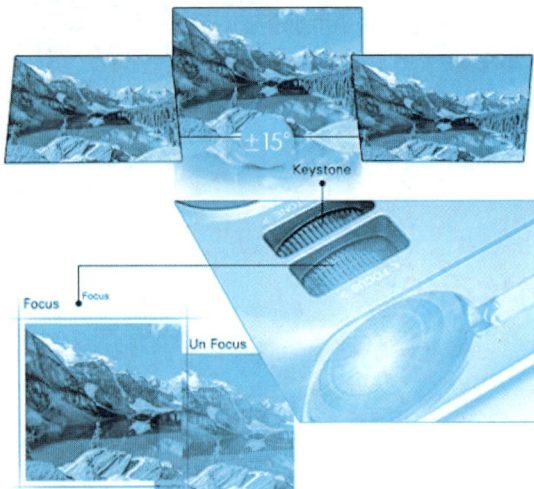

步骤二：客户下单。

步骤三：客户售后问题咨询。

情况一：遥控器补发。投影仪包含遥控器，有些客户遥控器损坏或者丢失要求补发。

问题处理流程

情况二：客户要求降价。

情况三：客户退货。客户对产品不满意会联系卖家，卖家可根据实际情况做退货处理

关键知识提炼

知识点回顾记录

一、收集亚马逊平台规则
二、了解欧美市场消费者的网购习惯和沟通礼仪
三、复习课本知识：
模块二　跨境电商客户服务及策略
任务三　跨境电商客服沟通技巧
任务四　商务英语函电内容及写作

模块三　售前沟通与服务
任务三　跨境电商售前服务

模块四　售中沟通与服务
任务一　收到订单催促付款的沟通
任务二　买方付款后的其他情况处理

模块五　售后沟通与服务
任务一　售后服务流程与服务技巧
任务三　引起纠纷的原因及结果分析
任务四　纠纷的处理方法

跨境电商企业客户服务典型案例 –03

类目：灯具　　案例序号：跨境企业 03

案例来源	平台：亚马逊 国家：日本	
案例背景描述	吸顶灯（2020 年） 　1. 产品信息：进价 64 元人民币一个，售价 4199 日元，每次运输 100 个到海外仓，运输费用 25 元人民币左右。 　2. 产品特性：黑色工业吸顶灯灯具采用优质经典黑色防锈金属框架制成，外观精美。可针对不同角度进行调节，照明范围更广 	模拟案例情景，学生填写模拟实训记录

案例背景描述		
问题处理流程	吸顶灯销售到日本市场，客户下单前通常咨询亮度和使用场景。 注：由于产品放置于日本仓库，因此客户收货速度较快。售中不存在什么问题，售后服务由日本落地服务团队提供保障，客户有任何问题由当地团队上门维修处理，所以基本没有退货退款的问题发生	按企业规定流程进行模拟实训，填写记录
关键知识提炼	一、收集平台规则 二、了解东亚市场消费者的网购习惯和沟通礼仪 三、复习课本知识： 模块三　售前沟通与服务 任务一　跨境电商售前信息推送 任务二　跨境电商售前咨询 任务三　跨境电商售前服务	知识点回顾记录

跨境电商企业客户服务典型案例 –04

类目：健身器材　　案例序号：跨境企业 04

案例来源	平台：亚马逊 国家：欧美 https://www.amazon.com/FLYBIRD-Adjustable-Workout-Multi-Purpose-Foldable/dp/B07DNYSJ8W/ref=sr_1_21?crid=2AYLSZ448YW1T&keywords=Fitness+Equipment&qid=1663128274&sprefix=fitness+equipment％2Caps％2C797&sr=8–21	
案例背景描述	健身器材（2021 年） 　1. 产品信息：根据不同类别，进价 200 ~ 300 元人民币不等，售价 199.99 美金，铁路运费 300 ~ 600 元人民币，建议使用海运一次运输 50 ~ 100 个。 　2. 产品特性：需求量大，但是运费较贵，产品体积大、重量重。10.6 英寸升级靠背和座椅由 PU 皮革制成，并填充柔软的泡沫填充物，FLYBIRD 可折叠长凳，携带方便，无须组装，折叠后尺寸：长 30 英寸、宽 16 英寸、高 9 英寸 	模拟案例情景，学生填写模拟实训记录

步骤一：成交过程，客户咨询产品的尺寸、重量、材料以及承重等信息。

按企业规定流程进行模拟实训，填写记录

22 votes	Question:	When adjusting the backrest of the bench can i make it locked in place so it does not become separated by accident?
	Answer:	Yes, the locking mechanism is very robust. Looks like a thick pin with a great latch system. I'm 5' 11" and 215lbs and have been hitting the backrest pretty good on crunches - haven't broken it yet...LOL.
		By Stephen on December 26, 2018
		˅ See more answers (3)
20 votes	Question:	What is size when folded
	Answer:	This workout bench about 30*16*9 in when folded
		By Chris on August 23, 2018
18 votes	Question:	Diagram (picture) shows 2 possible decline settings? But video never shows anyone doing a decline press movement. How come?.
	Answer:	Yes. You can set the bench for decline too! This is an awesome bench. We love it.
		By Claudia on January 26, 2019
17 votes	Question:	Does it come with the elephant?
	Answer:	It's an extremely sturdy bench and may be able to support the weight of an elephant.
		By Matthew Battles on February 4, 2019
		˅ See more answers (2)

步骤二：客户下订单。

问题处理流程

	订单ID	图片	销售单号	金额	找货成本 国际运费	利润
☐	16534 ▮▮法国		406-4632663-9345927 秦双 (法国)	€19.99	¥26.00 ¥32.16	¥77.67
☐	16528 ▬德国		302-8365130-7438758 苏勤 (德国)	€18.64	¥9.50 ¥22.95	¥94.21
☐	16527 ▮▮法国		406-5044041-2857968 苏勤 (法国)	€48.98	¥138.00 ¥42.74	¥152.08
☐	16525 ▦英国		206-0272988-3399509 刘长辉 (英国)	£14.99	¥18.90 ¥25.10	¥67.59
☐	16512 ▮▮意大利		408-8759539-8892306 吕强 (意大利)	€27.99	¥48.00 ¥32.52	¥109.67
☐	16505 ▬德国		304-5114476-2834757 张建 (德国)	€18.99	¥33.98 ¥41.79	¥53.27
☐	16503 ▦英国		203-6287452-0293152 刘长辉 (英国)	£14.99	¥18.90 ¥25.10	¥67.59
☐	16487 ▬德国		306-2354089-6153903 张建 (德国)	€49.99	¥77.90 ¥66.91	¥194.88
☐	16486 ▬德国		303-0124663-7691516 张建 (德国)	€299.90	¥360.00 ¥271.67	¥1406.15
☐	16483 ▬德国		304-5782818-2227525 桑之玉 (德国)	€9.99	¥3.75 ¥22.16	¥41.97

23349 ✕

Shipped(待发)   304-4660307-2377106

订单号：QiuZuLiang(德国) 2020-11-18 02:25

姓名： Bettina Spath   (▬德国)
电话： 01727506544
邮编： 79215
邮箱： zt4cs5fk87nxl0qg@marketplz
地址1：
地址2： Denlersstr. 5a
城市： Biederbach
州省： Baden-Württemberg

Aly Ninja Line Kinder Anfänger Ninja Line Set Tragbares Monkey Bar Kit Für Kinder Von 5-17 Jahren   数量 X 1
B08FV394FX
29009 编辑化简单

待付款 取消 审核 交付 待发 缺货 找货 配货▾ 已发▾ 问题▾ 补堂▾ 退换▾ 轴疑发货(随时)

找货单信息   利润¥1179.26 - ¥176.89 - ¥352 - ¥0 = ¥650.37

问题处理流程	步骤三：客户评价。 步骤四：售后处理。由于产品销售时期属于国内疫情蔓延的时期，因产品的特殊性只能通过海运或者铁路运输，原本承诺的到货时间是一个月，实际到货时间是45天到2个月，大部分客户申请退款，故处理方式有几种：与客户协商优惠价格；退款退货到海外仓库，便于销售给其他客户；产品赠送给客户同时还要退款。最终造成了月销售额近百万，却亏损百万的情况	
关键知识提炼	一、收集平台规则 二、了解欧美市场消费者的网购习惯和沟通礼仪 三、复习课本知识： 模块三　售前沟通与服务 任务一　跨境电商售前信息推送 任务二　跨境电商售前咨询 任务三　跨境电商售前服务 模块五　售后沟通与服务 任务一　售后服务流程与服务技巧 任务二　评价及收到评价的不同沟通方式 任务三　引起纠纷的原因及结果分析 任务四　纠纷的处理方法	知识点回顾记录

跨境电商企业客户服务典型案例 –05

类目：厨房家电　　案例序号：跨境企业 05

案例来源	平台：亚马逊 国家：欧美 https://www.amazon.com/Capacity-Electric-360％C2％B0Quick-Circulation-Nonstick/dp/ B099MN9ZL2/ref=sr_1_81?crid=PG3E8EUO6ZT&keywords=Air+fryer&qid=1663128425&sprefix=air+ fryer％2Caps％2C386&sr=8-81	
案例背景描述	空气炸锅：一个新运营人员背锅的故事（2022 年） 　1. 产品信息：进价 185 元人民币，售价 90 美金，每次运输500 个到海外仓，运输费用 170 元人民币左右。此款产品亏损10 万人民币，产品本身质量很好，但是由于选品人员不仔细，定价出现问题，导致销售情况不好，为了处理掉库存，五折卖出，造成亏损。 　2. 产品特性： 　一键式智能程序：一键式烤蔬菜、蒜味土豆、饼干、肉桂面包等。 　快速预热：几乎没有预热时间，几分钟内从冷冻变成金黄色！在 180 ～ 400 F 的温度范围内制作多功能美食。 　易于清洁：不粘，适用于洗碗机。 　紧凑的设计和不锈钢装饰：在适合台面的尺寸中完美结合功能和风格 	模拟案例情景，学生填写模拟实训记录

步骤一：成交过程，客户咨询产品的容积、使用方法等问题。　　按企业规定流程进行模拟实训，填写记录

	Question:	Is this product good for babies?
18 votes	Answer:	I don't think a baby would fit unless it is really, really small.
		By LO on July 12, 2022
		˅ See more answers (1)
	Question:	For this redesigned version, are both the basket and tray dishwasher safe?
2 votes	Answer:	Yes both r dishwasher safe
		By Teresa Mullen on November 28, 2021
	Question:	Does this really contain BPA and lead as the warning label on the box states?
2 votes	Answer:	Thank you for your question! The Vortex parts/accessories are PFOA and BPA free and compliant with FDA standards. The California Proposition 65 warning on this item arises from the presence of small amounts of chemicals including Lead and Bisphenol A (BPA), which may be found in the power cord. We hope this is helpful!
		By Instant Brands Support MANUFACTURER on December 9, 2021
	Question:	what size whole chicken can you roast?
1 vote	Answer:	A chicken that's less than 3 1/2 inches tall. That's what fits in the pan with the drip tray inserted (which I always use). Less than 4 inches tall without the drip tray.
		By Amazon Customer on July 7, 2022
		˅ See more answers (2)

步骤二：客户评论，回复评论。

Geoffrey B.

★★★★☆ **Instruction manual is confusing**

Reviewed in the United States on September 6, 2022

Verified Purchase

I'm guessing that most people who buy one of these talk about them with friends, read about them in popular magazines, or at least watch TV with enough ads for them that they are intuitive to use. I was vaguely aware of their existence, had read nothing much about them, but had some frozen french fries in the freezer that seemed to expect an air cooker to cook them. So, when I saw a real price break on Amazon, I jumped on it.

The directions were clear about how to set the thing up and run it initially, and everything worked as the booklet said.

When it came to cooking the french fries, I followed the package directions and they came out much better than if I had done them in the "real" oven.

Next I tried fried chicken. I used the french fries setting, and it was okay.

I've used it a couple of times since with mixed results.

However, what I lack is anything that lets me actually COOK with the thing! Decide when to use one mode or the other for which foods. Get a sense what should be cooked at 400 versus 385. Get a sense of time versus weight. Understand whether I have to guess when it's the magic halfway point when you are

˅ Read more

Helpful | Report abuse

Blondie

★★★★★ **Easy to clean, preheats quickly, very versatile.**

Reviewed in the United States on August 20, 2022

Verified Purchase

I first bought "Instant Pot" pressure cooker 9 years ago before they became so popular. From that basis and their good service I decided to purchase their Air Fryer. I have not been disappointed. It preheats quickly (400 degrees in about 2-1/2 minutes), is easy to clean, cooks quickly. It has functions for air fryer, bake, re-heat, roast, set time, set temperature, cancel. I've tried nachos, chicken wings, baked potato, various vegetables such as sweet potato fries, re-heating a pizza, etc. The photo is of my attempt at onion rings — not my best but it wasn't the air fryer's fault! The appliance has become a staple in the kitchen, along with pressure cooker and microwave. Love it and recommend highly.

步骤三：售后。产品最开始会遇到客户说接触不良，东西煮好后不能实现自动关电的问题，为感谢客户的反馈，商家赠送给客户 15 美金的优惠券

问题处理流程

| 关键知识提炼 | 一、收集平台规则
二、了解欧美市场消费者的网购习惯和沟通礼仪
三、复习课本知识：
模块三　售前沟通与服务
任务一　跨境电商售前信息推送
任务二　跨境电商售前咨询
任务三　跨境电商售前服务

模块五　售后沟通与服务
任务一　售后服务流程与服务技巧
任务二　评价及收到评价的不同沟通方式
任务三　引起纠纷的原因及结果分析
任务四　纠纷的处理方法 | 知识点回顾记录 |

跨境电商企业客户服务典型案例 –06

类目：包具　　案例序号：跨境企业 06

<table>
<tr>
<td rowspan="2">案例来源</td>
<td>平台：亚马逊
国家：欧洲

https://www.amazon.co.uk/icyant–Bohemian–Fashionable–Classical–Crossbody/dp/B09C19WDJ4/
ref=sr_1_1_sspa?crid=3U2BZE1OIEN2X&keywords=rattan+bag&qid=1663128621&sprefix=rattan+ba
g%2Caps%2C308&sr=8–1–spons&psc=1&spLa=ZW5jcnlwdGVkUXVhbGlmaWVyPUEzVFk2V0JQS1
M3WTRKJmVuY3J5cHRlZElkPUEwMzgwODAzUkNNNUEFRTjNYU01IJmVuY3J5cHRlZEFkSWQ9QT
AyMTg5NjIxUFhMWE45MVlWV0NEEJndpZGdldE5hbWU9c3BfYXRmJmFjdGlvbj1jbGlja1JlZGlyZWN0
JmRvTm90TG9nQ2xpY2s9dHJ1ZQ==</td>
</tr>
</table>

<table>
<tr>
<td rowspan="2">案例背景描述</td>
<td>藤包（2022 年）
　1. 产品信息：进价 55 元人民币，售价 30 欧元，销售于欧洲市场，每次运输 2000 个到海外仓，运输费用 30 元人民币左右。
　2. 产品特性：人工手工编织，产品重量较轻。皮带完全可调，内部的小口袋容量大，足以容纳零钱、护照卡

</td>
<td>模拟案例情景，学生填写模拟实训记录</td>
</tr>
</table>

步骤一：客户咨询，客户下单前一般会询问包的尺寸大小、材质等问题。

按企业规定流程进行模拟实训，填写记录

0 votes	Question:	Can the purse hold a xs iphone max?
	Answer:	I'm not sure what an I phone max measures so I can't answer your question---but you can find the dimensions of the bag in the description. I hold my phone, a single fold wallet with plenty more room.
		By ak on June 14, 2019
		See more answers (5)
0 votes	Question:	Saludos, Correa en cuero o sintético?
	Answer:	Es sintético pero de buena calidad yo lo compre hace dos años y es bueno muy recomendable Espero te ayude mi respuesta
		By Laura Andrea... on January 17, 2021
		See more answers (1)
0 votes	Question:	Can it fit the instax mini 9 camera inside the bag
	Answer:	Hummmmm.... I'd say yes (maybe) but if so, you probably won't be able to fit much more in the bag. It's pretty narrow and doesn't stretch
		By Liza on November 11, 2018
		See more answers (2)
0 votes	Question:	Is there any good way to shorten the strap? 52 inches is a bit long for me
	Answer:	I've actually taken and knotted the strap at the top, it works great for me and it's a cute look.
		By Maria R. Carter on September 9, 2018

See more answered questions (64)

步骤二：客户评论，回复评论。

Reviews with images

See all customer images

Read reviews that mention

well made | many compliments | super cute | good quality
highly recommend | small wallet | cell phone | big enough
looks just like | great quality | received so many | spring and summer

Top reviews ▼

Top reviews from the United States

K. Simpson

★★★★★ Take the chance and purchase it! No regrets
Reviewed in the United States on September 4, 2022
Size: 20cm Diameter | Color: Brown | Verified Purchase

I read a few comments and was a bit turned off by the negative reviews but took a chance. It's better than I had expected. The quality IS GREAT! It's pretty unique and I have received so many compliments on the first day of wearing it. It's so authentic looking that people thought I actually bought it an international travel out of the country. Love it! I would definitely buy it if there were additional darker colors.

Helpful | Report abuse

步骤三：此款包是季节性包，装饰包，人工手工编织，成本较高，定价合理，销售量很好，客户反馈很不错

问题处理流程

关键知识提炼	一、收集平台规则 二、了解欧美市场消费者的网购习惯和沟通礼仪 三、复习课本知识： 模块三　售前沟通与服务 任务一　跨境电商售前信息推送 任务二　跨境电商售前咨询 任务三　跨境电商售前服务 模块五　售后沟通与服务 任务一　售后服务流程与服务技巧 任务二　评价及收到评价的不同沟通方式 任务三　引起纠纷的原因及结果分析 任务四　纠纷的处理方法	知识点回顾记录

跨境电商企业客户服务典型案例 –07

类目：3C   案例序号：跨境企业 07

案例来源	平台：阿里巴巴 国家：欧美、印度、俄罗斯、南美	
案例背景描述	**显卡（2022 年）** 产品特性：产品高货值，一批货的价格在 1 万美金以上，利润 10% 左右，一张显卡运费 300 元人民币左右 	模拟案例情景，学生填写模拟实训记录
问题处理流程	步骤一：客户咨询。 步骤二：客户评论，回复评论。 	按企业规定流程进行模拟实训，填写记录

步骤三：售后。由于产品受经济环节影响的特殊性，其价格每天都在变化，这增加了客服工作的难度。一般来说，客户会关心商品价格、商品型号、发货速度、商品包装方式及商品运输方式等。

实景对话截图见下：（可用翻译工具实训）

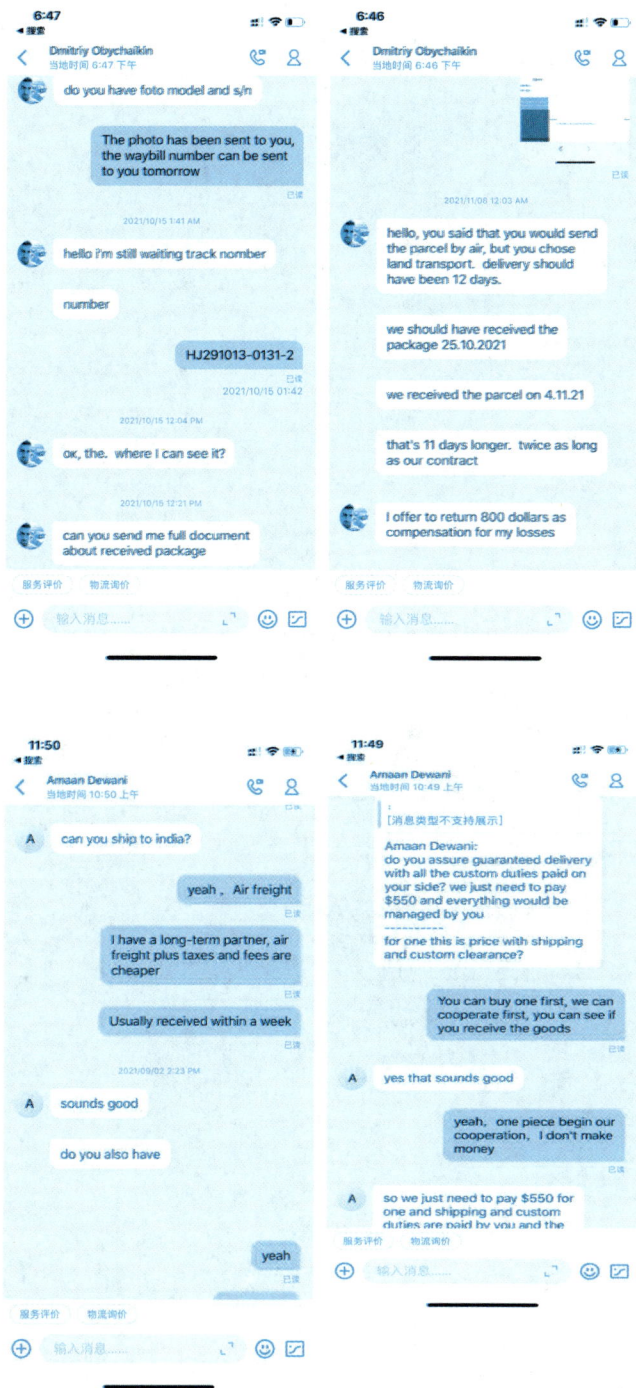

问题处理流程

对话一（Dmitriy Obychaikin，6:47）

- do you have foto model and s/n
- The photo has been sent to you, the waybill number can be sent to you tomorrow
- 2021/10/15 1:41 AM
- hello i'm still waiting track nomber
- number
- HJ291013-0131-2
- 2021/10/15 01:42
- 2021/10/15 12:04 PM
- ok, the. where I can see it?
- 2021/10/15 12:21 PM
- can you send me full document about received package

对话二（Dmitriy Obychaikin，6:46）

- 2021/11/08 12:03 AM
- hello, you said that you would send the parcel by air, but you chose land transport. delivery should have been 12 days.
- we should have received the package 25.10.2021
- we received the parcel on 4.11.21
- that's 11 days longer. twice as long as our contract
- I offer to return 800 dollars as compensation for my losses

---

对话三（Amaan Dewani，11:50）

- can you ship to india?
- yeah ，Air freight
- I have a long-term partner, air freight plus taxes and fees are cheaper
- Usually received within a week
- 2021/09/02 2:23 PM
- sounds good
- do you also have
- yeah

对话四（Amaan Dewani，11:49）

- [消息类型不支持展示]
- Amaan Dewani: do you assure guaranteed delivery with all the custom duties paid on your side? we just need to pay $550 and everything would be managed by you
- for one this is price with shipping and custom clearance?
- You can buy one first, we can cooperate first, you can see if you receive the goods
- yes that sounds good
- yeah，one piece begin our cooperation，I don't make money
- so we just need to pay $550 for one and shipping and custom duties are paid by you and the

---

问题处理流程

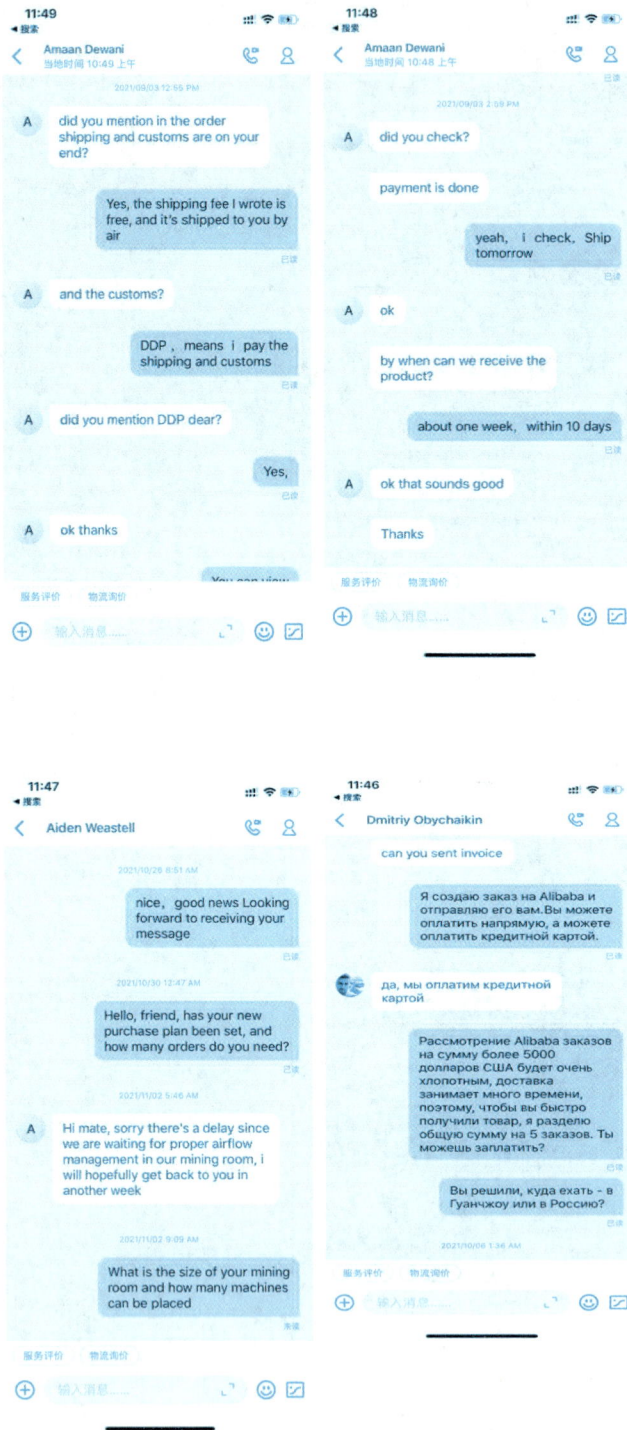

Screen 1 — Amaan Dewani (11:49)
当地时间 10:49 上午
2021/09/03 12:55 PM

A: did you mention in the order shipping and customs are on your end?

Yes, the shipping fee I wrote is free, and it's shipped to you by air

A: and the customs?

DDP，means i pay the shipping and customs

A: did you mention DDP dear?

Yes,

A: ok thanks

Screen 2 — Amaan Dewani (11:48)
当地时间 10:48 上午
2021/09/03 2:59 PM

A: did you check?

payment is done

yeah, i check, Ship tomorrow

A: ok

by when can we receive the product?

about one week, within 10 days

A: ok that sounds good

Thanks

Screen 3 — Aiden Weastell (11:47)
2021/10/26 8:51 AM

nice, good news Looking forward to receiving your message

2021/10/30 12:47 AM

Hello, friend, has your new purchase plan been set, and how many orders do you need?

2021/11/02 5:46 AM

A: Hi mate, sorry there's a delay since we are waiting for proper airflow management in our mining room, i will hopefully get back to you in another week

2021/11/02 9:09 AM

What is the size of your mining room and how many machines can be placed

Screen 4 — Dmitriy Obychaikin (11:46)

can you sent invoice

Я создаю заказ на Alibaba и отправляю его вам.Вы можете оплатить напрямую, а можете оплатить кредитной картой.

да, мы оплатим кредитной картой

Рассмотрение Alibaba заказов на сумму более 5000 долларов США будет очень хлопотным, доставка занимает много времени, поэтому, чтобы вы быстро получили товар, я разделю общую сумму на 5 заказов. Ты можешь заплатить?

Вы решили, куда ехать - в Гуанчжоу или в Россию?

2021/10/26 1:36 AM

问
题
处
理
流
程

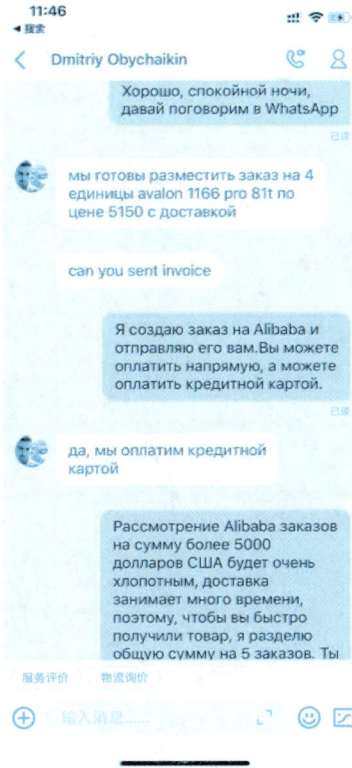

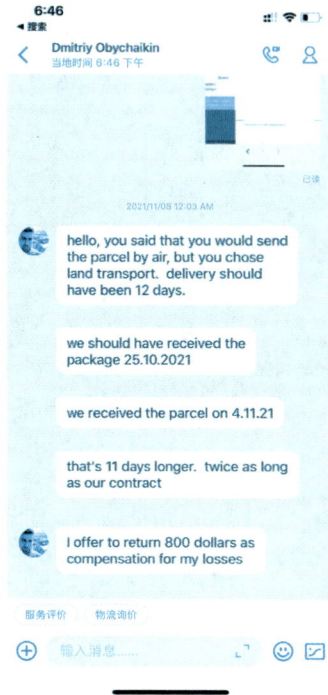

6:46

< Dmitriy Obychaikin
当地时间 6:46 下午

2021/11/08 12:03 AM

hello, you said that you would send the parcel by air, but you chose land transport. delivery should have been 12 days.

we should have received the package 25.10.2021

we received the parcel on 4.11.21

that's 11 days longer. twice as long as our contract

I offer to return 800 dollars as compensation for my losses

服务评价   物流询价

输入消息......

6:47

< Dmitriy Obychaikin
当地时间 6:47 下午

do you have foto model and s/n

The photo has been sent to you, the waybill number can be sent to you tomorrow

2021/10/15 1:41 AM

hello i'm still waiting track nomber

number

HJ291013-0131-2

2021/10/15 01:42

2021/10/15 12:04 PM

ok, the. where I can see it?

2021/10/15 12:21 PM

can you send me full document about received package

服务评价   物流询价

输入消息......

问题处理流程	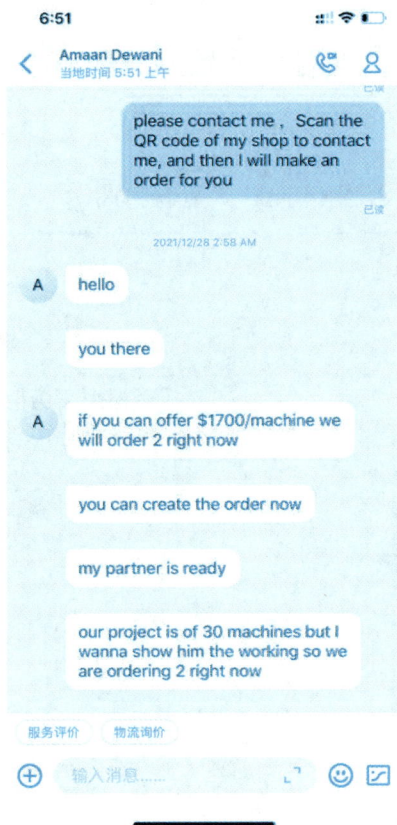
关键知识提炼	一、收集平台规则 二、了解印度、俄罗斯、南美市场消费者的网购习惯和沟通礼仪 三、复习课本知识： 模块三　售前沟通与服务 任务一　跨境电商售前信息推送 任务二　跨境电商售前咨询 任务三　跨境电商售前服务 模块五　售后沟通与服务 任务一　售后服务流程与服务技巧 任务三　引起纠纷的原因及结果分析 任务四　纠纷的处理方法	知识点回顾记录

跨境电商企业客户服务典型案例 –08

类目：生产资料类　　　　案例序号：跨境企业 08

案例来源	平台：阿里巴巴 国家：欧美、印度、俄罗斯、南美	
案例背景描述	集装箱（2022 年） 	模拟案例情景，学生填写模拟实训记录
问题处理流程	步骤：确定订单和物流 	按企业规定流程进行模拟实训，填写记录

关键知识提炼	一、收集大宗商品规定 二、了解印度、俄罗斯、南美市场消费者的网购习惯和沟通礼仪 三、复习课本知识： 模块三　售前沟通与服务 任务一　跨境电商售前信息推送 任务二　跨境电商售前咨询 任务三　跨境电商售前服务 模块四　售中沟通与服务 任务一　收到订单催促付款的沟通 任务二　买方付款后的其他情况处理 任务三　货物途中可能遇到的情况处理 任务四　货运相关进展情况处理 任务五　相关产品推介 任务六　发货前的特殊订单处理 任务七　特定情况下包裹延误处理 模块五　售后沟通与服务 任务一　售后服务流程与服务技巧 任务二　评价及收到评价的不同沟通方式 任务三　引起纠纷的原因及结果分析 任务四　纠纷的处理方法 任务五　平台对纠纷的处理办法 任务六　客户维护的方法	知识点回顾记录

参考文献

[1] 庄恩平，［美］萨斯曼．跨文化沟通［M］.外语教学与研究出版社，2014 年．

[2] 方荣华,王勤．电子商务客户服务［M］.中国工信出版集团,电子工业出版社,2016 年．

[3] 盘红华．电子商务客户服务［M］.2 版．北京理工大学出版社，2020 年．

[4] 陈伟梅，刘小榴，范永艳．电子商务客户服务［M］.北京理工大学出版社，2020 年．

[5] 刘敏，高田歌．跨境电子商务沟通与客服［M］.2 版．中国工信出版集团，电子工业出版社，2022 年．

[6] 北京鸿科经纬科技有限公司．网店运营基础实训（初级）［M］.高等教育出版社，2019 年．

[7] 纪淑军，赵明．跨境电子商务进出口实务［M］.高等教育出版社，2020 年．

[8] 速卖通大学．跨境电商客服［M］.中国工信出版集团，电子工业出版社，2016 年．

[9] 陆雄文．管理学大辞典［M］.上海辞书出版社，2013 年．

[10] 王建民．管理沟通实务［M］.4 版．中国人民大学出版社，2015 年．

[11] 刘红燕．跨境电商营销实务［M］.中国商务出版社，2017 年．

[12] 张磊．电子商务客户服务［M］.北京邮电大学出版社，2020 年．

[13] 阮晓文，朱玉赢．跨境电子商务运营［M］.中国工信出版集团，人民邮电出版社，2018 年．

[14] 朱慧文．现代消费心理学［M］.浙江大学出版社，2019 年．

[15] 中国就业培训技术指导中心．客户服务管理师［M］.中国劳动社会保障出版社，2016 年．

[16] 刘习翔，肖晨霞，杨洋．跨境电子商务客户服务与管理［M］.中南大学出版社，2021 年．